攻めの法務 成長を叶える リーガルリスクマネジメントの教科書

渡部 友一郎［著・原作］
［作画］大舞キリコ ［シナリオ］星井博文
［編集協力］BUSINESS LAWYERS

日本加除出版株式会社

攻めの法務

（1/15）

はじめに――攻めの法務の継続的フォームチェック

不透明な時代。そして、デジタルとリアルが融合するインターネットの時代において、私たち法務部門及び法律事務所の依頼者である企業は、事業を前に進めるために、十分な情報に基づく意思決定（informed decision）を日々求められています。弁護士を含む法律家そして法務部（個人・チーム）が大きな付加価値を共創するためにはどのような力が必要なのでしょうか。

結論から言えば、個人・チームが、法律問題に対して、過去に目を向けリスク回避を最優先する姿勢（backward-looking, risk-averse approach）から脱却し、かつ、リーガルリスクマネジメントを駆使するスキルです。このような**「攻めの法務――リーガルリスクマネジメント」の力**を、本書の読了により獲得・補強することができます。本書の対象は、法律家、企業の法務・コンプライアンスに携わる方々、そして、法教育においてリーガルリスクマネジメントを体系的に学ぶ機会のない司法修習生、大学院・学部生、そして、依頼者である経営者・事業部門の方々です。

筆者・出版社のチームは、本書を**「攻めの法務――リーガルリスクマネジメント」**をゼロから学ぶ教科書とするため徹底的なデザインの検討を行いました。文章の記憶学習に加え、視覚を通じた喜怒哀楽の感情体験を伴うマンガを活用し（心理学における）観察学習からも、攻めの法務を立体的に学べるように工夫しました。本書は、皆様と皆様のチームに対し、質の高い多層的な学習機会を提供します。また、既に高いレベルの法務人材にも、「攻めの法務」の正しいフォームチェックにご利用いただける内容となっています。プロの運動選手らが、常に動作フォームのチェックを怠らないことと同様に、本書が、人間の誰もが共通して保持するバイアスを低減（デバイアス）し、「攻めの法務」を継続するお役に立つことを願っています。

我が国日本には、20年を超える予防法務・戦略法務の歴史があります。しかしながら、法律家・法務部門に対し、敬意を持ちつつ指摘が許されるのであれば、十分な情報に基づく意思決定（informed decision）を阻害してしまう助言方法がいまだにあふれています。

――法務部「法律に違反するリスクがあります（完）」
――弁護士「リスクが高いので、できません（完）」

透明性の観点から、筆者の脆弱性をあらかじめお伝えすると、かつての筆者も「リーガルリスクがあります」と法的リスクを特定／分析して指摘すれば、十分な仕事をしたという幻想を抱いていた法律家・法務部員の一人でした。猛省しています。私が目覚めたのは、10年足らずで米国ナスダックの上場時に「10兆円」の時価総額を記録した米国インターネット企業Airbnb（エアビーアンドビー）の法務部の教えがきっかけでした。本書では、私が数多くの試行錯誤を繰り返し、イノベーションを不断に起こし続ける米国スタートアップ企業で学んだことを惜しみなく共有しています。浅学菲才ではありますが、**「攻めの法務――リーガルリスクマネジメント」**の学びを、日本の法律家・法務コミュニティに対して還元することが日々の私のミッションでもあります。

私の大きな夢として、「法律家・法務部員の1年生が仕事を始める日には『攻めの法務――リーガルリスクマネジメント』を既に身につけている」というものがあります。私たち法律家・法務部員は、法律の勉強を一生懸命に積み重ねてきましたが――大学の法学部・法科大学院、そして、最難関の国家試験の1つと言われる司法試験や司法試験合格後の司法修習でさえ――「法律」の勉強はしていても、「リスクテイク」に必要な支援をする方法を学問として教わる機会を得られませんでした。

結果的に、「私たちは、法律・契約の問題の特定は勉強してきました。しかし、解決策（リスクへの対応・リスクの低減）は体系的に勉強していません。したがって、依頼者・事業部で判断してください。」を凝縮したような――法務部・弁護士「法律に違反するリスクがあります（完）」――という助言を悪意なく行ってしまうのです。

本書は、国際標準化機構（ＩＳＯ）が２０２０年5月に発行し国際規格として昇華された**「リーガルリスクマネジメント」**と呼ばれる汎用的な枠組みを基礎にしています。私は、**「攻めの法務――リーガルリスクマネジメント」**の力について、本書を乾坤一擲の機会と捉え、本書を手にとってくださった皆様一人一人に対して、情熱を持って語り尽くしたいと思います。私の身には不相応な願いではありますが、本書が、時代を超えて、「法律家・法務部員の1年生が仕事を始める日に

は『攻めの法務——リーガルリスクマネジメント』を既に身につけている」世界を実現するために、
微力ながらもその役割を果たしてくれればと思います。

NG

「私は法律を勉強してきた知識のある専門家だ。依頼者の支援も慣れたものだ。」

GREAT

「『攻めの法務　成長を叶える　リーガルリスクマネジメントの教科書』を利用して、
自分・チームの継続的なフォームチェックと修正を行ってみよう。」

目次

エピローグ

【講義編】

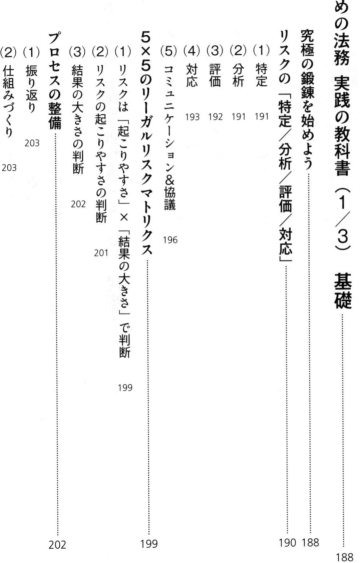

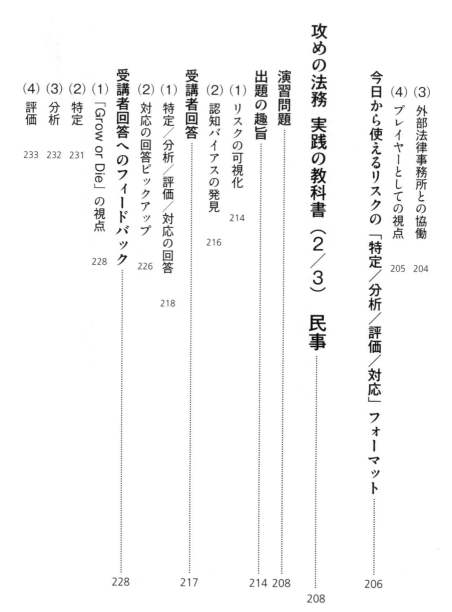

マンガ編

プロローグ

この物語はフィクションであり、
実在の法令・団体・人物とは一切関係ありません。

菱村あさま法律事務所
日本で5本の指に入る大手弁護士事務所菱村あさま法律事務所に入所して早5年
M&A
ファイナンス
危機管理
ジェネラルコーポレート
渉外弁護士として経営戦略の根幹に関わる案件に携わり
日本を代表する会社の経営に貢献している
―と思っていた
弁護士
堤かおり(28歳)

―けど現実は
私達アソシエイト弁護士はパートナー弁護士の下請け…
…の下請け
カタ
カタ
カタ
カタ
カタ
作業に追われて夜10時より早く帰宅したことはない
趣味のヨガも大好きなミュージカルだって
チュー
労働基準法はいづこ…
我慢我慢の日々…
カタ
カタ
アソシエイト弁護士はパートナー弁護士のお役に立ててこそ一人前
カタ
カタ
カタ
うちの事務所ではアソシエイトを5年やれば
米国LLM※留学が約束されている
そうなれば―
カタ
カタ
カタ
カタ
カタ

※Master of Lawsの略称であり米国の法学修士号。
1年のコースが主流である。

憧れのN・Y・
ブロードウェイ
ミュージカル
見放題!!
プル
プル
プル
ファントムぅ〜
気合だ
気合っ!!
翌日
菱村あさま法律事務所
うん
いいじゃないか
君の仕事は
いつも丁寧で
助かっているよ
ありがとう
ございます
堤さん
実は君に
話があるんだ
ドキッ
遂に来たかっ!!
留学!!

株式会社デンエイの法務部で1年間勉強してきてくれ
え
そ…それって出向ってことですか？
私…米国LLM留学に希望を出してたんですが
もちろんわかっているよ
ただデンエイからどうしても1人出してほしいと言われているんだ
私じゃなくても
今は君しかいないんだ
1年間頑張ってくれたら必ず留学できるようにするから…
本当ですか…
そんな顔するなそれより―
わかっているとは思うがデンエイはうちにとって最重要のクライアントだ
法務として絶対に判断を間違えるんじゃないぞ
……

わ…
わかりました…
ギュ
泣き言言っても上司からの辞令は絶対
とにかく1年は大きな問題を起こさずにやり切るしか無い
カッ
カッ
絶対に1年ですからね
わ わかったから
株式会社デンエイ
デンエイ
DENEI
従業員数2万人
代理店営業の老舗企業
業界トップシェア
諦めない足を使った営業力が武器
大企業からベンチャー企業どの業界からも信頼が厚い

法務部
出向して1か月
デンエイの法務部は弁護士事務所の頃と比べると圧倒的に楽ちん
難しい判断が必要なリーガルチェックもほとんどない
しかも毎日定時にも帰れる
ああ労働基準法は都市伝説じゃなかった
これまでできなかったヨガ
ミュージカルにだっていける
こんな充実した日々社会人になって初めてかも
おはようございます
みんな聞いてくれ
!
新しい仲間だ

どうも
こんにちは
加古川優
37歳です
祖父がデンエイの
役員なので
無理やり
ねじ込んで
もらいました
七光りですね
弁護士（日本、カリフォルニア州）
加古川優（37歳）
君はどうして
スーツじゃ
ないんだ…
どんな服を
着ればいいのか
わからなくて
なに
この人…
加古川くんは
これまで
米国カリフォルニア州の
シリコンバレーで
多くのスタートアップの
事業に
携わってきたんだ
そうなんです
だから
日本の常識とか
よく
わからないんで
教えてください
胡散臭い

まぁ
私には
関係ないけど
そろそろ
終業の時間
かな
ピョーン
え…
この時間に
メール…
めんどくさ…
しかも
新規事業
プロジェクトの
リーガルチェック
このプロジェクトをすすめようと
考えているんですが法的にはどうでしょうか？
恐れ入りますが急ぎの案件で、明日朝10時までに
めんどくさい
急ぎの案件ね…
絶対に
失敗するな
って言って
たしな…
今回の案件には
法的リスクが
あります
法務部としては
損害賠償の
支払も発生する
可能性もありますので
あまりリスクを
取らないほうがいいと
思います
—っと
カタ
カタ
カタ
カタ
送信
はい
終わりっ
パタン

お先に失礼します
翌日
ザァ
加古川さんっどういうことですかっ！
ドタドタ
なにが？
ハァ
ハァ
ザワッ
なにがじゃないですよっ
私の受けた案件で勝手に事業部とやり取りしましたよね
ダメなんですかCC入ってたんで
ダメに決まってるでしょ
けど堤さんがリーガルリスクでNOを出した案件を僕の提案でYESにできたんですよ
事業部喜んでたよ
けどリスクを考えたら—

リスク？
！
その法務の助言って自分の責任を回避するためのものじゃないの？
ズッ
なっ
なんてことを言うんですかっ
それは新規事業を可能にする「法務る（エナーブル）」ではなく…
案件を「葬る（ほうむ）」だよ
！
「法務る」と「葬る」って上手くない？
しっ知りません

攻めの法務

（2/15）

「リスクがあります（完）」の卒業

「攻めの法務――リーガルリスクマネジメント」の力を涵養する小さくも大きな第一歩は、**「リスクがあります（完）」**の卒業です。「リスクがあります（完）」という法的助言が、十分な情報に基づく意思決定（informed decision）に対し、役に立たないどころか、往々にして有害であることを理解することから始まります。

皆様の中には、一瞬、自分のやり方（お仕事）や、（人によっては）自分自身が批判されたような、チクリと刺されたような感覚になった方もいらっしゃるのではないでしょうか。はじめに申し上げますと、その不快感は大切なもので、誰にも共通する自然な感情です。

なぜなら、筆者自身こそ、Airbnbで前記のフィードバックを受け取った際に、「『リスクがあります』という指摘のどこが問題なのか？」とモヤモヤした不快感を抱いた法律家・法務部員だったからです。2015年にAirbnbに入社した当時、私は、日本及び韓国という2つの法域を一人で担っていました。2016年頃、日本・韓国・シンガポールにまたがる事業上の課題を検討していた際に、シンガポールの依頼者（事業部門）に対して、日本法を分析して、法的な助言を行う仕事がありました。入社して1年程度が経過し、多国籍の組織にも慣れていました。誰しもが自らの仕事に手応えを感じ始める時期です。私は、日本法におけるリーガルリスクを特定し、分析し、書類にまとめ上げて、シンガポールの依頼者（事業部門）に送りました。それから何回か、日本・韓国・シンガポールで構成される事業部門のビデオ会議にも加わり、日本法の問題点（リーガルリスク）の内容も説明しました。追加質問にも素早く回答し、私は「複雑な問題について正確で迅速な法的助言ができた」と満足した気持ちでした。ところが、2か月ほど後でしょうか。シンガポール人の上司Kum Hong（Yahoo!の東南アジアの元General Counselで、リスクテイクについて必要なことを叩き込んでくれた恩人）が、こう言うのです。

「Yu（ichiro）が法務の担当をしているプロジェクトが動いていないと相談を受けた。」

私は驚いて、敬意をもって抗弁しました。

「私は、意思決定に必要な日本法の情報を全て回答し終えています。後は、依頼者（事業部門）が決めるだけです。私が止めているわけではないと思いますが……。」

彼は、私の目を見据えて、諭すように優しく言いました。

「案件を前に転がすのが法務の仕事だ。助言を私も見たが、詳細なリーガルリスクの特定／分析は書かれているが、どうやったらリスクテイクができるか、あれでは事業部はわからない。」

私は、仕事を完遂したような気になっていましたが、全く違ったのです。私は、「本件には日本法のリスクがあります。」を詳細に指摘していただけでした。法律事務所の法律意見書であれば及第点かもしれませんが、**「攻めの法務――リーガルリスクマネジメント」**としては落第点です。

法律の専門家ではなく、日本法を知らないシンガポールの事業部門からしたら、「日本法のリスクがあります（完）」という長文大作をもらっても、「どうすればリスクテイクして事業を前に進めていくことができるか」という観点からは、十分な情報に基づく意思決定（informed decision）に役立たないことは明らかです。案件を前に転がしていく秘訣はこれからお伝えします。

NG

「本件にはリスクがあります（完）」

GREAT

「……（言わない）」（十分な情報に基づく意思決定に役立たない）

攻めの法務

(3/15)

十分な情報に基づく意思決定

マンガの主人公の堤かおりは、事業部に対して「リスクがあります（完）」と、十分な情報に基づく意思決定（informed decision）に役立たない返答を悪意なく行います。これに対し、メンターの加古川は「案件を『葬る』」ことであると指摘します。

法律家・法務部門が、新規事業に限らず、企業価値の向上につながるビジネスチャンスを「葬る」ことは想像以上に簡単です。「リスクがあります（完）」と指摘し続けていればよいのです。

２０１５年頃、米国戦略課報局の『サボタージュ・マニュアル――諜報活動が照らす組織経営の本質』（北大路書房、２０１５）という書籍が話題になりました。仮に、ライバル企業を妨害したいのであれば、法務部員を協力者として、抽象的なあらゆるリーガルリスクを指摘し、「リスクがあります（完）」の回答を連発させていればどうなるでしょうか。おそらく、自社の脅威となるリスクが含まれる新規事業は生まれてこなくなるでしょう。「リスクがあります（完）」は役に立たないどころか、事業を阻害する助言です。これを理解することが、**「攻めの法務――リーガルリスクマネジメント」**の教科書である、本書の最重要のスタート地点です。

それでは、十分な情報に基づく意思決定（informed decision）のためには、どのような回答方法が有効なのでしょうか。今後のマンガ展開にもご注目いただきたいのですが、結論を先取りすれば、リーガルリスクは、**特定**され、**分析**され、取れるリスクか否かが**評価**され、そして、**対応**を検討するプロセスを踏むことにより、解像度を高めることができます。この**「攻めの法務（3／15）」**では、1つのモデル（テンプレート）を用意しています。読者の皆様は、本日、クライアントや事業部に送った助言を思い出してみてください。回答は、要約すると「○○法○条に抵触するリーガルリスクがあります。」で終わっていないでしょうか。それとも、次の回答モデルのように、リーガルリスクを「起こりやすさ」と「結果の大きさ」の2つの要素から丁寧に説明していたでしょうか。

回答モデル

本件では○○法第○条に抵触するリーガルリスクが特定できます。

このリーガルリスクを「起こりやすさ」と「結果の大きさ」の2つの横軸縦軸でリスク分析すると、XXXという高い発生の蓋然性と、例えばYYYというリスクがあります。

法的リスク評価を行うと、既存のリスク管理策ではXXXの点で十分ではなく、法務としてはこのままの状態ではリーガルリスクは取れないと考えます。

しかし、リスク対応として、ZZZ及びAAAを同時に講じられれば残留リスクは許容できるレベルにまで低減できる可能性があります。ZZZとAAAのほかに取りうるリスク対応策の選択肢がないか、この後お電話で相談できないでしょうか。法務も解決策を一緒に見つけたいです。

例えば、リスクが小さくないと判断した場合、それは、「リスクの起こりやすさ」（発生の蓋然性）が高いからなのでしょうか。それとも、万が一生じた場合には大変な結果になるという「結果の大きさ」に着目したからなのでしょうか。クライアントや事業部に送ったメールには、その思考過程が明示されていますか。このように、回答モデルと単なる「リスクがあります（完）」の回答とを比較すると、「リスクがあります（完）」の回答は情報・根拠が圧倒的に少ないことがわかります。法的助言を消費する側（受け手）が十分な情報に基づく意思決定（informed decision）するためには、「リスクがあります（完）」の回答では足りず、リスクが特定／分析されていることはもちろん、リスクを受容できるかという評価、さらに、最も大切なリスクの低減策すなわち「リスク対応」が明らかにされている必要があります。

法律事務所から企業の法務部に出向してきたばかりの主人公かおりは、（教科書の抽象的な法理論や法的知識を学んで「法解釈」には一定の素養がある）若手法曹や経験年次の若い法務部の方々と重なる部分があるかもしれません。本書は、リーガルリスクマネジメントの教科書として、汎用的な枠組みの知識を共有するだけではありません。主人公かおりの成長とともに、リーガルリスクマネジメントという枠組みが、日本企業のリスクテイクを強力に支援する臨床法務技術であることをおわかりいただけると思います。**「十分な情報に基づく意思決定」**を可能ならしめる（エナーブル）ことこそが、私たち法律家や法務部の仕事なのです。モデル回答から本書読了後の自分の回答をイメージしてみてください。既に良質なあなたのお仕事が最上質に磨かれていきます。

NG

「○○法第○条に抵触するリーガルリスクがあります。事業部で検討・判断して進めてください。」

GREAT

「このまま送るか……待てよ。法律家・法務部は、依頼者の願いをEnableする存在だ。このメールは『十分な情報に基づく意思決定』にあまり役立たない回答の仕方だ。『攻めの法務（3／15）』の回答モデルと比較して、再検討しよう。」

マンガ編

個人を動かす

この物語はフィクションであり、
実在の法令・団体・人物とは一切関係ありません。

ムカつく!
麻布十番
ヨガスクール
Azabujuuban Yoga schoo
ムカつくっ!
ムカつくぅううう!
なんなのよ あの男
七光りのくせに
中途半端な知識で日本企業の現場に入ってこられると迷惑なのよね
シリコンバレー?はあ?
しかもー
ぐぐっ
案件を「葬(ほうむ)る」だよ
!
ブチッ
おのれ
加古川めぇえええええ
ぐぎっ
いでででで っ
大丈夫ですかっ
堤さんっ

※1 スイス・ジュネーブに本部を置く国際標準化機構(ISO)の国際規格 ISO 31022:2020(リスクマネジメント:リーガルリスクマネジメントのためのガイドライン)

※2 経済産業省「国際競争力強化に向けた日本企業の法務機能の在り方研究会報告書～令和時代に必要な法務機能・法務人材とは～」

いい加減にしてもらえませんか
私の判断にケチつけないでください
ケチつける？
違いますよ
ただ一緒に会社全体にとって十分な情報に基づく意思決定を支える法律家でいたいだけですよ

なんなのあいつっ!!
バタ
バタ
バタ
私の平穏な出向生活を邪魔しないでよっ
七光りが偉そうに正しいことをしようとしてるんじゃないわよ
ハッ
いやいやいやいやっ
それじゃあ私が悪いことしてるみたいじゃない
バン
私だってちゃんと仕事してるわよっ
別に全ての案件を葬ってるわけじゃないし
法務部の伝統よ
伝統よ
デンエイの習慣通りに会社にとって不利益が1つもないか法的な立場から判断してるしっ
みんなと同じ
ってなに言い訳してるのよ
あ〜もう加古川さんのせいでいいこと1つもない
ピコン
なによ…
いやな予感〜

きゃああああああああああっ!!!
憧れのミュージカルのチケットが当たった!!!!
生きてるうちに生で美可絵留様の舞台が見れるなんて
神様ありがとう
最近加古川さんのせいで嫌なことばかりだったけど
美可絵留様に会えるなら頑張れる!
数日後
会議室
Meeting Room
え

うちの契約書のひな型を変えてほしいってまだ言われているのですか？
うちは天下のデンエイよ
はい
ひな型のままでは契約できないって相手の法務部が再度修正を入れてきたんです
なるほど…
それじゃあ確認させてもらいますね
あと
堤さん…堤さんは外の弁護士さんなんですよね
なんとか先方の要求をのんで契約する方向でお願いできませんでしょうか
え

クライアントのCarNA株式会社は自動車販売の個人間取引をしてるベンチャー企業で今は知名度も実績もありませんが
CEOの近江氏やCTOの矢木氏をはじめ鬼才天才集団です
さらなる躍進には我々デンエイの営業力が不可欠です
我々の必要性についてお話させていただき
ようやく今形になりました
ただライバルの福報堂が猛アプローチしていて横取りされそうで…
一刻も早く契約を交わしサービスを開始したいんです
堤さんのいらっしゃる前契約の修正が通らずに破談になった案件が山ほどあって…
うちの法務部は融通がききません
しかし私はこの事業に賭けています
今回の事業はどうしてもやりたいんです！
お気持ちはわかりました
ありがとうございます
ただ――

私も法務部です
法務部としては感情を入れて仕事はできません
！
ガチャ
きゃあ～
盗み聞きしないでください

スタ
スタ
どうして社員の思いを踏みにじるようなことを平気で言うんですか
スタ
スタ
スタスタスタスタスタ
・・・
ピクッ
どうして勇気を持って「全力でYESを実現します」「法務が伴走します」と言えないんですか?
はぁ
私は会社のためにリスクをゼロにしているんです
それ以上でもそれ以下でもない
ぐっ
ようやくこっちを向いてくれた
日本中の「法務のNO」で葬られた潜在的事業価値がどれくらい多くあると思う?
NO
どーん
人の話聞いてんのかっ
NOではなくYESだった場合に生み出されたはずの企業価値のことです
そんなのわかるわけないでしょ
そうわかるわけがない
へ

けど
企業はリスクを取りながら新規事業に飛び込んでいかないと成長しない
だからといって「法務のYES」だけで全てが上手くいくわけじゃないですよね
そりゃそうですね
結果的に失敗することだって十分考えられる
ザワ
ザワ
ザワ
ただ彼らも自分たちで時間・労力・費用をかけてなんとか勝負できるところまで作り上げてきた
なのに私たち法務の壁が立ちはだかり「できない」の一言でそれまでの苦労を葬り去ってしまう
法務の壁
企画
事業部の暴走を許すな!
リスク禁止
仕方が無いでしょ
それが・・・法務の仕事なんだから
本当にそれが・・・法務の仕事なんですか?
え

リーガルリスクがあるからできませんと言っていれば仕事になると勘違いしてませんか？

おぃおぃ
何って言った今…
バッ
ゴゴゴゴゴゴゴ
ちょっと
こっちに来なさい
バッ
あなたね
場所を
わきまえなさいよ
バカじゃ
ないんですかっ
バッ
ハァ
バタン
ハァ
NOと言えば
現状を
維持することは
当面可能だ
君は自分や法律事務所の
ブランドを傷つけては
いけないと考えて
NOを出したことがないと
言える？
まだ
言うっ!!
!

僕は
自己保身のために
NOの刃で
イノベーションの種を
葬り去ったことが
あります…
え
アメリカで
仕事をしていた時
僕がNOを出した
案件がありました
しかし
※GCがYESと
覆しました
Yes we can
No! too risky
君のように
憤り
ましたよ
けど
数年後
その
新規事業に
よって
そのITベンチャーは
時価総額10兆円を超える
アメリカを代表する
企業へと成長しました
!

※ General Counsel（ジェネラルカウンセル）。会社の最高法務責任者であり、米国ではCEO（社長）やCFO（財務最高責任者）と並び立つ強大な権限と責任を負う。近年、日本企業においても役職創設の動きがある。

今でも
恐怖を感じています
法務のNOの刃で
数千億の利益と
数千の雇用を…
企業の未来を
悪意なく
奪いかねないって
善良で真面目な
法務部門が
イノベーションの
芽を摘む
そんな大きな
NOは
小さな工夫で
なくせるんです
我が国の
国際競争力の
さらなる発展は
法務にかかっていると
言っても過言では
ないんです…!
ハハッ

過言よ
過言!!
話にならない!!!
そんなの
よく恥ずかしげもなく
言えるわね
法務部は
牽制(けんせい)してこそ!
止めてなんぼよ!
バタン
…
自分の
正義感を
押し付けないで
私は私が
正しいと思う
やり方でやる
リスクテイクなんて
法務の仕事じゃないわ

※ 自社が契約に違反して、相手から損害賠償を請求されても、上限額を超えて支払わなくてよい契約条項。例えば、損害賠償の上限額を8,000万円と定めた場合、デンエイが契約に違反して1億円の損害を発生させた場合でも、CarNA社は1億円ではなく、8,000万円までしか損害賠償を請求できない。

なんなんだあいつ
なんのためにお願いしたと思ってるんだっ…
スッ
!
ぐっ
ぐっ
ぐっ
ぐっ
ぐっ
何するつもりですか
私の判断は法務部の判断です
何もしないでください
だってNOって言ったんですよね
だったら僕にできることないかなぁって思って
ブツ
ブツ
ブツ
ブツ
ブツ

クル
わかった
君の意思を尊重するよ
あの決断は間違っていない
一生懸命考えて出した結論よ
あんな男に絶対に邪魔させない
・・・
——けど
もしなにか法的に実現できる道があったら——
堤さん
はっ
はいっ！
ビクン
ねぇ・・・どうしたの
今日美可絵留様のミュージカルでしょ？

はっ
そうだった
そろそろ
行かないと
ガタッ
えっ
もうそんな時間
ですか
まずいっ
はじまっ
ちゃう！
ありがとう
ございます
失礼しますっ
楽しんで～
今日ぐらい
仕事を忘れて
楽しんじゃおう！
！
事業部の
2人…
どうか
しましたか？
CarNA（カーナ）に
説明したんですが
先方の法務部も
首を縦に
ふらなくて…
明日までに
契約書を見直せなければ
ライバルの福報堂と
契約するって
言われてしまいました…
あんなに
頑張ったのに…

そうですか…
それは残念でしたね…
ブシーーーン
TAXI
ブロロロロ
CEOの近江氏や
CTOの矢木氏はじめ
鬼才天才集団です
さらなる躍進には我々デンエィの営業力が不可欠です
ようやく今形になりま
必要性についてお話させていただき
ポン
案件を前に転がしていくための技術なんです
事業価値を共創したい法律家が――
ペラ ペラ ペラ ペラ
スタスタスタスタスタスタ
リーガルリスクマネジメントって知ってますか?
経済産業省も「法務機能報告書」で注目してまして――
と言っていれば仕事になると勘違いしてませんか?
止めてください!
キキッ
ええっ

運転手さん
ミュージカルは
好きですか？
へ
バンッ
ダ
ダ
ダ
ちょっと
いいですかっ
ぐぃっ
へ…
ダンッ
あれ
堤さん
どうしたの？
忘れ物？
まぁ
そんな
ところです
スタスタスタスタ
ヤッ

加古川さんっ
今回の契約書
リーガルリスクマネジメントの技法でなんとか解決できますか?
ん
たぶんね
へ
あなたの言葉は机上の空論だと思っています
けど彼らの夢を実現できる可能性があるなら
あなたの力を貸してください
堤さんっ

彼らのために大好きな劇をドタキャンして戻ってきたんだ
そんなことどうでもいいです
できるんですかどうなんですかっ！
なぜ知ってる～
パキン
任せなさい
3つの秘密の鍵を使って必ず糸口を見つけ出して見せるよ！
明日の朝までにケリをつけよう
3つの秘密の鍵？
翌朝―
お二人のおかげで早朝契約に至りましたありがとうございます
…
いえいえむしろなぜあの案件でNOを出したのかが謎ですよ
む

リーガルリスクマネジメントの枠組みを使うとリーガルリスクは「低」と考えます
「起こりやすさ」は低中高の低「結果の大きさ」も低中高の低
CarNA(カーナ)社資料と事業計画を精査しましたが
小規模なスタートですしリスク低減策で会社を守れます
リスク低減策として念のため事業部トレーニングも週末までにつくります
・・・
Thank you boss!!
!
とりあえず今回はよかったです
本当によかったのかな?
え?
ゴ ゴ ゴ ゴ
「NO」が仕事の法務部では「YES」は存在価値の脅威だ
そして君もその一味
今彼らには敵に見えてるはずさ
ひぃぃぃ
いぃぃぃ~~
運転手
こっち見て~
美可絵留さまぁ~
キャーキャー
ワーワー

攻めの法務

(4/15)

小さな「NO」が損なう大きな事業価値

(1) 法務の「NO」が毀損する事業価値

主人公の堤かおりは、自社（デンエイ）とベンチャー企業であるCarNA（カーナ）社との間の業務委託契約書の法務担当者として、事業部の男性2人を社内のクライアントとして、業務にあたっています。どうやら、デンエイの契約書ひな型に入っている「損害賠償の制限」という条項を巡って、両社はいまだ契約の最終合意に至っていないようです。CarNAは文言の削除を求めています。デンエイの事業部は、修正依頼を受け入れ、契約を早期に締結することを希望しています。面談によれば、この背景事情には、デンエイのライバル企業である福報堂が、CarNAに猛烈な攻勢をかけ案件を横取りしようとしていることがあります。さらに、事業部担当者は、CarNAのCEO近江氏やCTO矢木氏というチームのポテンシャルを見抜き、CarNAとの取引がデンエイに大きな利益をもたらすことを予見しています。また、担当者は、事業へのただならぬ熱い思いも吐露しています。

これに対して、主人公かおりは、「法務部としては感情を入れて仕事はできません」と冷たく突き放します。さらに、「ベンチャー企業に（文言の）削除を認めた先例は0件」であると、前例踏襲を理由に、修正を拒絶します。もし、法務が**「リスクがあります（完）」**又は**「NO」**と言い続けていれば、結果、デンエイの事業機会は無に帰し、1円の収益も得られません（さらに、将来のCarNAとの取引は、信頼を築いた福報堂に持っていかれ、今後、奪い返すことは容易ではないでしょう）。ここでは、主人公かおりの「NO」と言う行動が正しいか正しくないかを少し脇に置きましょう。そして、「NO」により失われる事業価値に注意を向けてみましょう。もしかしたら、当該業務委託契約は、名前も知られていないベンチャー企業相手であり、デンエイの売上からすれば取るに足らないものかもしれません。しかし、私を含めて法律家・法務部員は、ときに「あまりにビジネスに無関心だ」とか「ビジネスを知らなすぎる」と揶揄されます。それは、①自身がP／L（収益の数字）を背負っていないこと、②将来の取引関係の発展という大きな可能性まで十分に想像が至らないこと、など多くの理由が考えられます。**「攻めの法務（4／15）」**の最初のポイントは、「NO」により毀損される事業価値を、法律家・法務部が、自分事（じぶんごと）として捉えることです。事業部と同等またはそれ以上に「法務のNO」の重み、さらに、「NO」と拒絶される事業部の痛みを実感する必要があります。

(2) 経済産業省の法務機能の在り方研究会報告書

さて、事業価値の向上に寄与しない法律家・法務部というのはリアルな問題なのでしょうか。中には、マンガの世界の話と思われた方もいらっしゃるかもしれません。

結論から言えば、この問題はリアルな問題です。経済産業省は、「国際競争力強化に向けた日本企業の法務機能の在り方研究会」を立ち上げ、２つの報告書を公表しています。２０１８年版報告書は、「守り（ガーディアン機能）」と「攻め（パートナー機能）」という法務の概念を広く法律家・法務の世界に知らしめました。報告書には**「法務部門が保守的でストッパーになって、事業が前に進まない。事業部門にとっては、法務部門対策のロジック作りがコストになっている。」**という**生々しい社内のクライアントの声**が紹介されています。２０１８年版報告書に対しては、「ガーディアン機能」「パートナー機能」を実際にどのようにすれば実装することができるのかを示してほしいというリクエストが多く寄せられました。そこで、第二期の検討会が開かれました。筆者も議論及び作成に関与した「２０１９年版報告書」は、Airbnbのリーガルリスクマネジメントの考え方を日本に紹介し、私にとっても一里塚となりました。２０１９年版報告書では、法律家・法務の「ＮＯ」により毀損される事業価値を防ぎ、いかに事業価値を共創できるようになるかについて様々な観点から検討が加えられています。リーガルリスクマネジメントの最初の教科書である本書とあわせてお読みいただくことで、日本中の「ＮＯ」により事業価値を毀損していたアドバイスが、十分な情報に基づく意思決定（informed decision）に資するものに変わっていくはずです。仮に、日本のすべての法律家・法務部員が、六法全書で条文をひくことと同じくらい当たり前に、**「攻めの法務――リーガルリスクマネジメント」**を実装して提供できたのであれば、我が国全体の国際競争力は、連続性のある「十分な情報に基づく意思決定」からなされる強靭なリスクテイクにより、一層世界に伍するものになると考えています。

1	2018年版報告書：「国際競争力強化に向けた日本企業の法務機能の在り方研究会報告書」 https://warp.da.ndl.go.jp/info:ndljp/pid/11223892/www.meti.go.jp/press/2018/04/20180418002/20180418002-2.pdf	
2	2019年版報告書：「国際競争力強化に向けた日本企業の法務機能の在り方研究会報告書～令和時代に必要な法務機能・法務人材とは～」 https://www.meti.go.jp/press/2019/11/20191119002/20191119002-1.pdf	
	経営者が法務機能を使いこなすための7つの行動指針 https://www.meti.go.jp/press/2019/11/20191119002/20191119002-3.pdf	

(3) ISO31022（国際規格）

リーガルリスクマネジメントの世界初の国際規格であるＩＳＯ３１０２２を紹介します。リーガルリスクマネジメントは、リスクテイクのための精神論や主観的な経験論ではありません。過去、日本の法務パーソンの精神論や仕事術を紹介する書籍が数多く刊行されてきました。先達の教えの１つ１つに深い含蓄がある一方、法律家・法務部の仕事に対して汎用的に適用できる枠組みではありませんでした。リーガルリスクマネジメントが臨床法務技術の基礎として優れている点は、汎用的かつ客観的な枠組みとして、国際規格化されている点です。例えば「渡部流法務の仕事術」といったマニュアルがあったとして、それは、属人的なものであり汎用性はありません。これに対して、本書で紹介する技術の枠組みは、ＩＳＯ３１０２２をベースにしています。すなわち、ＩＳＯ３１０２２は発行にあたり、国際規格として多国籍のステークホルダー及び専門家の間で議論され、かつ、ＩＳＯ３１０００というあらゆるリスクに適用可能なグローバルスタンダード（親規格）とも整合しています。「ＮＯ」により毀損される事業価値を、価値共創に変えていくためには、精神論のみではなく、汎用的な枠組みが不可欠です。

NG

「ＮＯです。法務部としては感情を入れて仕事はできません。」

GREAT

「ＹＥＳを実現するためにも、法務担当者として伴走します。前例のない、やり甲斐がある案件ですね。」

攻めの法務

(5/15)

リスクは「起こりやすさ」×「結果の大きさ」

(1) リーガルリスクは常に2軸で分析・評価する

では、**「攻めの法務――リーガルリスクマネジメント」**を実現するために「リーガルリスク」の解像度を高め、かつ、クライアントへわかりやすく伝える方法はあるのでしょうか。

答えはYES――リーガルリスクを2つの軸（X軸・Y軸）で見る方法があります。**「攻めの法務（4／15）」**で紹介したISO31000（リスク全般に適用可）及びISO31022（リーガルリスクに適用可）に基づくと、リスクは、2軸（X軸・Y軸）で分析・評価できます。マンガにおいても、加古川は、CarNA社の案件のリーガルリスクを事業部に伝える際に、「『起こりやすさ』は低中高の低」そして「『結果の大きさ』も低中高の低」と発言しています。

(2) リスクの起こりやすさ（X軸）

第1の軸は、「リスクの起こりやすさ」です。

例えば、手が届かない天井の電球を交換する作業におけるケガのリスクを考えてみます。足場が新品の脚立の場合、足場が崩れて転倒してケガをするリスクは相対的に「低」です。他方、足場が崩れやすい布団やダンボールを応急的に重ねただけの場合、バランスを崩し転倒するリスクは相対的には「高」です。

次に、リーガルリスクの例を取り上げます。例えば、支払遅延による債務不履行というリスクを考えた場合、契約の相手方が、資金も非常に潤沢な東証プライム企業であればリスクは相対的に「低」です。他方、直近に手形不渡りを出しそうになった不採算企業であればリスクは「高」と言えます。

(3) 結果の大きさ（Y軸）

第2の軸は、「結果の大きさ」です。

支払遅延による債務不履行を考えた場合、（資本金が1000万円の企業について）回収できない金額が50万円なのか、5000万円なのかでは、当該リスクの結果の大きさは「低」から「高」まで異なります。ここで、5000万円と言っても、年間の営業利益が1兆円を超える企業の場合、必ずしも結果の大きさは「高」と言えない場合もあるでしょう。このように、クライアントの置かれている状況や個別事情によって、リスクの結果の大きさは「低から高」まで変わるのです。

(4) リスクの起こりやすさ(X軸)×結果の大きさ(Y軸)

最後に、**「起こりやすさ」×「結果の大きさ」の掛け算**を行うことにより、当該リーガルリスクの全体の大きさが説明できます。起こりやすさは「高」(発生の蓋然性が極めて高い)、かつ、結果の大きさも「高」(極めて深刻)となれば、法務・法律家が「NO」と必要なストップを講じる必要も出てくるでしょう。

(5) 2つの軸(X軸・Y軸)を省略した説明では不十分

これまで「リスクが高いです」と法務・法律家が単純化して説明していた案件は要注意です。起こりやすさは「低」(滅多に起こらない)である一方、結果の大きさが「高」(極めて深刻)という場合(またはその逆)には、説明を特に慎重に行い、クライアントの解像度を高める必要があります。なぜなら、リスクテイクを可能ならしめるには**「十分な情報に基づく意思決定」**(informed decision)が重要であるところ、「低」(滅多に起こらない)であれば、リスクテイクを行いたい経営者や事業状況もありうるからです。法務・法律家が勝手に分析過程を省略して「リスクが高」と言うことは、十分な情報に基づく意思決定の機会を悪意なくクライアント・事業部から奪っていると言えます。「リスクが［中・高］です」という法的助言は、2軸を用いてはじめて、十分な情報に基づく意思決定に資すると言えるでしょう。逆の場合も然りであり、「リスク低」についても、2つの軸（X軸・Y軸）を省略した説明では、クライアント・事業部は、法律家・法務部門の分析過程がブラックボックス化されており、適切な質問をする機会を奪われています。具体的には、法務部が固定観念から「頻繁に生じることはない＝低」と考えていた場合に、ビジネスに精通する事業部門から「昔はそうだったが、直近3か月では頻発している＝中~高」という盲点（バイアス）の指摘を得る機会を逸している可能性があります。とりわけ、外部法律事務所・弁護士の場合、事業会社を取り巻くビジネスに精通しておらず、限られた一般常識や他業界の経験を誤って類推するおそれがあることには、特に留意が必要です。

(6) 対応策

クライアントの権利（事業部→法務部、法務部→法律事務所を含む）として、法律家・法務部門が「リスクがあります（完）」と2つの軸（X軸・Y軸）を省略した結論のみ助言した場合には、1つ敬意をもって質問を入れましょう。「『リスクの起こりやすさ』及び『結果の大きさ』を、それぞれ低・中・高で評価した場合、どうお考えになりますか？　また、評価の根拠も教えてください。」――これは**魔法の質問**です。この質問を通じて、リスクテイクに必要な（省略された）分析過程を得ることができます。前述のとおり、思わぬ盲点（バイアス）をお互いが補いつつ発見できる場合があるでしょう（なお、私自身も、2軸分析を省略し、後日、反省することがあります）。

NG

「リーガルリスクが高いです。」（2軸の説明が省略されている）

GREAT

「リーガルリスクを『リスクの起こりやすさ』と『結果の大きさ』の2軸で検討しました。起こりやすさは[低・中・高]、結果の大きさは[低・中・高]と考えます。」

NG

「（外部弁護士の名前）先生、リスクが高いことがわかりました。」

GREAT

「先生、質問です。『リスクの起こりやすさ』及び『結果の大きさ』を低・中・高でそれぞれ評価した場合、どうなりますか？　評価の根拠も教えてください。」

(7)「リスクの起こりやすさ」の上手な分析（補論）

講演でよく質問をいただくのはリスクの起こりやすさ（X軸）の分析方法についてです。

ＩＳＯ３１０２２の5.3.3.2は、「リーガルリスクに関連する事象の起こりやすさには、次の要因が含まれる場合がある」として、次の**6つの要因**を列挙しています。すなわち、「①規制当局の法執行慣行…に伴う法律の射程、②…ガバナンス、社内規則…などのリーガルリスクマネジメントのための現行の枠組みの改善及び遵守、③従業員及び請負業者の、法律及び組織の規則…の遵守状況、④一定期間内に発生したリーガルリスクに関する活動の頻度及び件数、⑤過去の事象の記録、分析、及び学習の失敗、⑥…リーガルリスクに関する活動の頻度及び件数に関する、他の組織と比較したベンチマーク」です。

「①規制当局の法執行慣行」を見てみましょう。法解釈には常に幅がある結果、当局が法執行に力を入れている法領域もあれば、法解釈上グレーのおそれがある一方で当局が「のりしろ」として問題視しないような場合もあります。「のりしろ」が法執行の慣行上認められる場合には、リーガルリスクの起こりやすさは相対的に「低」でしょう。

「②…ガバナンス、社内規則…の枠組みの改善及び遵守」については馴染みがあると思います。堅実なA社は、海外での腐敗防止のコンプライアンス規程を定期的に改善しているとします。逆に、いい加減なB社は、当該コンプライアンス規程が全く存在しない状態です。おそらく、B社の海外における贈収賄のリーガルリスクの起こりやすさは相対的に「高い」と言えるでしょう。

「③従業員及び請負業者の、法律及び組織の規則…の遵守状況」とは、社員の遵法意識の高さであり、②とあいまって、リーガルリスクの起こりやすさの要素となります。

また、「④活動の頻度及び件数」は、当該リーガルリスクを含む営業活動が反復継続し累積するのであれば起こりやすさは当然高くなり、単発一回限りであれば起こりやすさは低くなります。なお、リーガルリスクマネジメントの源流についてさらに知りたい方は、渡部友一郎「リーガルリスクマネジメントの先行研究と新潮流――5×5マスのリスク分析ツールからＩＳＯ３１０２２の未来まで」国際商事法務48巻6号をご高覧ください。

マンガ編

法務部門を動かす

この物語はフィクションであり、
実在の法令・団体・人物とは一切関係ありません。

会議室
Meeting Room
それでは幹部定例会をはじめます
資料をご覧ください
あたふた
え
へ
あの…
資料頂いてないんですけど
…何かの誤解ではないかな
まあ資料がなくても我々の前例を無視して独自の判断を下せるじゃないか
デンエイ法務部
部長
野田　望
!

大衆食堂
ロイヤー
ひどいっ!!
なんなのよっ あの人達っ
ちょっと これまでと違うこと したただけで
ガッ
ガッ
ガッ
嫌味を 言われるなんて
しかも 率先して 意地悪するのが 部長なのよ
信じ られますかっ
それくらい 法務部の秩序を 歪められたんじゃ ないんですか
どうして 私だけがっ
加古川さんも 同罪でしょ
だって僕 会長の孫 だもん
なお ムカつくっ
以前までは こんなに 良い職場はないって 思ってたのに
じゃあ 以前のように 前例にならって NOと 言い続けますか
・・・
けど 彼らの夢が 実現できる可能性が あるなら
堤さんっ
あなたの力を 貸してください
事業部の 2人
グッ

それは無理…
私のYESであんなに喜んでもらえたんですから…
ところで加古川さん
どうしてあの短時間にあんなにいいアドバイスができたんですか？
『3つの秘密の鍵』って言ってましたよね
任せなさい
3つの秘密の鍵を使って必ず糸口を見つけ出して見せるよ！
明日の朝までにケリをつけよう
私に教えてもらっていいですか？
もちろんいいですよ
『3つの秘密の鍵』とはリーガルリスクマネジメントで――
ピコン
あっ法律事務所から呼び出された
すぐに行かないとっ
すみませんまた今度お願いします
…
タタタタタ

聞いたぞ
前例を無視して判断をしたそうじゃないか
君は一体なにをしてくれているんだ
どうしてそれをっ!!
野田はT大弁論部の後輩だ
げっ部長とそんな仲だったの
筒抜けじゃん
法務として絶対に判断を間違えるんじゃないってあれほど言っただろ
法務として絶対に判断を
そ それはっ
説明させてくださいっ
君の意見を聞きたいわけじゃない
ビクッ
君は前例どおりに結論を出せばいい
し しかしっ
もしこれ以上問題を起こすようなことがあれば——

ニューヨークの
話は
難しいものだと
思ってくれよ
わ…
わかりました…
ヴッ
堤さん
いたいた
この前の続き
『3つの秘密の鍵』の
説明しましょうか～
カタ
カタ
その必要…
なくなり
ました…
!

行政が以前から当該行為類型を問題視しており
取締りを強化している事実に基づくと、
行政処分
スクが高いと考えられます。
あれ
またNOに
逆戻りしてますよ
所属事務所で
なにか
言われたんですか？
私は
あなたほど
強くないんです…
ん～
すみません
堤さん
いらっしゃい
ますか？
はい
ガタン

CEOがお呼びになっています
社長がっ!!
プライム企業の社長が私に何の用があるのよ??
社長室
President roo
まさかCarNAの判断が問題になってるとか!?
君が噂の堤さんか
法務部の前例を押し切ってCarNAの事業にGoを出したらしいね
デンエイ
CEO
戸隠(とがくし) 肇(はじめ)(61歳)
そうなんです
彼女が担当してくれなければCarNAはたち消えてました
呼ばれたのはこの2人のせいか

大切なミュージカルがあったのに我々のCarNAを優先してくれたんです
感動～
いらんこと言うなっ
CarNAは巨大な金の卵だ
うちの強力な代理店営業で大きく利益を上げている
そうなんですか？
会員数や売上もここにきて月500～700%と大きく伸びたんですよ
そんなにですかっ
担当者なのに知らなかったのかい？
すみません…
いろいろ忙しくて…
なるべく関わりたくなかったから見ないようにしてたのよね…
そのCarNAだが彼らのプラットフォームに多くの会社が集まっているんだ
集まる？
自動車製造業の大手はもちろん
自動車販売業者や中古自動車販売店
自動車パーツ販売会社カー用品会社など
個人間取引のプラットフォームが注目されている
CarNA
自動車販売
個人間取引のプラットフォーム
すごい…

このビジネスモデルは他社も放っておかないだろう
!
それって他にも同業他社が同様のサービスを始めるってことですか
実はいくつかからお問い合わせを頂いています
問い合わせ?
CarNA(カーナ)に提供している代理店サービスを提供してほしいということです
今後はCarNA(カーナ)に留まることなく
多くの会社に利用してもらうつもりだ
金の卵は多いほどよい
法務部には今後ももっと柔軟な判断が必要になるかもしれない
前例にとらわれずよろしく頼むよ
ビクッ
!
柔軟な判断…
は…はい…

まさかここまでCarNA(カーナ)に社長が力を入れるとは…
ちゅー
もし私があのままNOを決断したままだったら
会社の利益を損なうところだった…
危なかった…
けどー
君は前例通りに結論を出せばいい
しかしっ
もしこれ以上問題を起こすようなことが
事務所からは法務部の前例にならった判断をしろと言われてる
前例にとらわれることなくよろしく頼むって言われても
私はどうしたらー
ちゅー
君も大変だね
ビクッ
!
部長っ!

事務所と社長の板挟みだな…
ズッ
あんたがチクったんでしょ
けど安心しろ
社長がやると言ったんだ
法務部としては今後社長のご意向に沿った判断を下していく
え
今後はCarNAに留まることなく多くの会社に利用してもらうつもりだ
金の卵は多いほどよい
だから君も余計なことを考えずにそのように振る舞え
…
数日後
堤さん大変ですっ
CarNA(カーナ)の近江周平CEOが「業務提携契約」の締結を希望してきましたっ!!

え
別に いいんじゃない ですか?
「業務委託契約」 だったのが 「業務提携契約」 になるなら
いやそれが 「独占条項」を飲むことを 1年間の 業務提携の条件として 掲げてきました
1年間の 「独占条項」!!
それって 類似する事業会社に 対してデンエイの 代理店営業を行えない ってことですよね
そうなんですっ
社長は 同業他社とも 提携していきたい って おっしゃってた…
そういえば いくつか 問い合わせが 来てるって 言ってましたよね
はい
大手レンタカー事業者 「日の丸レンタカー」 の子会社である 「日の丸カーネット」に 代理店営業を 相談されてます

日の丸レンタカー
国内最大手
全国の主要な駅や空港に営業所を構える
利用者のニーズに応え幅広い車種を取り揃える
またレンタカーのみならず多種多様なビジネス展開で成果を上げている
日の丸レンタカー
レンタカー業界では日本を代表する会社
ベンチャーなんかよりも規模が大きい
独占条項を結んでしまうとデンエイが「日の丸レンタカー」と1年間契約することはできなくなってしまう
CarNA
デンエイ
日の丸レンタカー
独占条項
つまりCarNAとの「独占条項」か
「日の丸レンタカー」と契約するかを選ばないといけないんですね
私はCarNAとこれまで一緒にやってきたのでできれば「業務提携契約」したいと思ってるんですが…
どちらが正しいのか…
そんなの悩む余地ないと思いますよ

部長…
社長はCarNAでの成功体験や知識を他社でも使うという方針です
弱小ベンチャーごときと「独占条項」なんて結ぶ必要はありません！
そ　そうですよね…
た　ただCarNAの近江CEO乗り気になっているし
今後の成長を考えたらそんなに拙速に判断しなくても…
法務部が感情で話すな！
CarNAなどとはこれまでどおり業務委託契約で問題ない
ビクン
…
コトッ
す　すみません…
また前例主義ですか
グッ

本当にその判断が正しいのか話し合いしませんか？
は？
加古川さんどうして？
となりで盗み聞きしてました
部長と同じだね
一緒にするなっ
私はたまたまだ
法務部の幹部定例会で『3つの秘密の鍵』でリーガルリスクマネジメントしてみませんか？

『3つの秘密の鍵』?
『3つの秘密の鍵』では直感や経験に頼るのではなくリスクを可視化できるんです CarNA（カーナ）の時も使いましたよ
そんな必要はないっ
社長の意向に沿った判断をすればいいんだ
それだと法務部の意味がないじゃないですか
私も加古川さんに賛成ですっ！
ガタン
！
法務部としての考えを示すのはその後でもいいと思うんです

なんだと…
私たちからもお願いします!!
ガタッ
…
わかりました何をしても答えは同じだと思いますが
会議室
みなさんお忙しいところありがとうございます
いいからさっさとはじめてくれ
わかりましたまず「3つの秘密の鍵」についてお話しますね
①Grow or Die という 言葉に秘められた鍵
第1の鍵は「Grow or Die という言葉に秘められた鍵」です
キュ
成長か死かイノベーションを殺しているのは…

Risk Impact	5	10		20	25 (High risk)
	4	8	12	16	20
	3	6	9	12	15
	2	4	6	8	10
	1 (Low risk)	2	3	4	5
	Risk Likelihood				

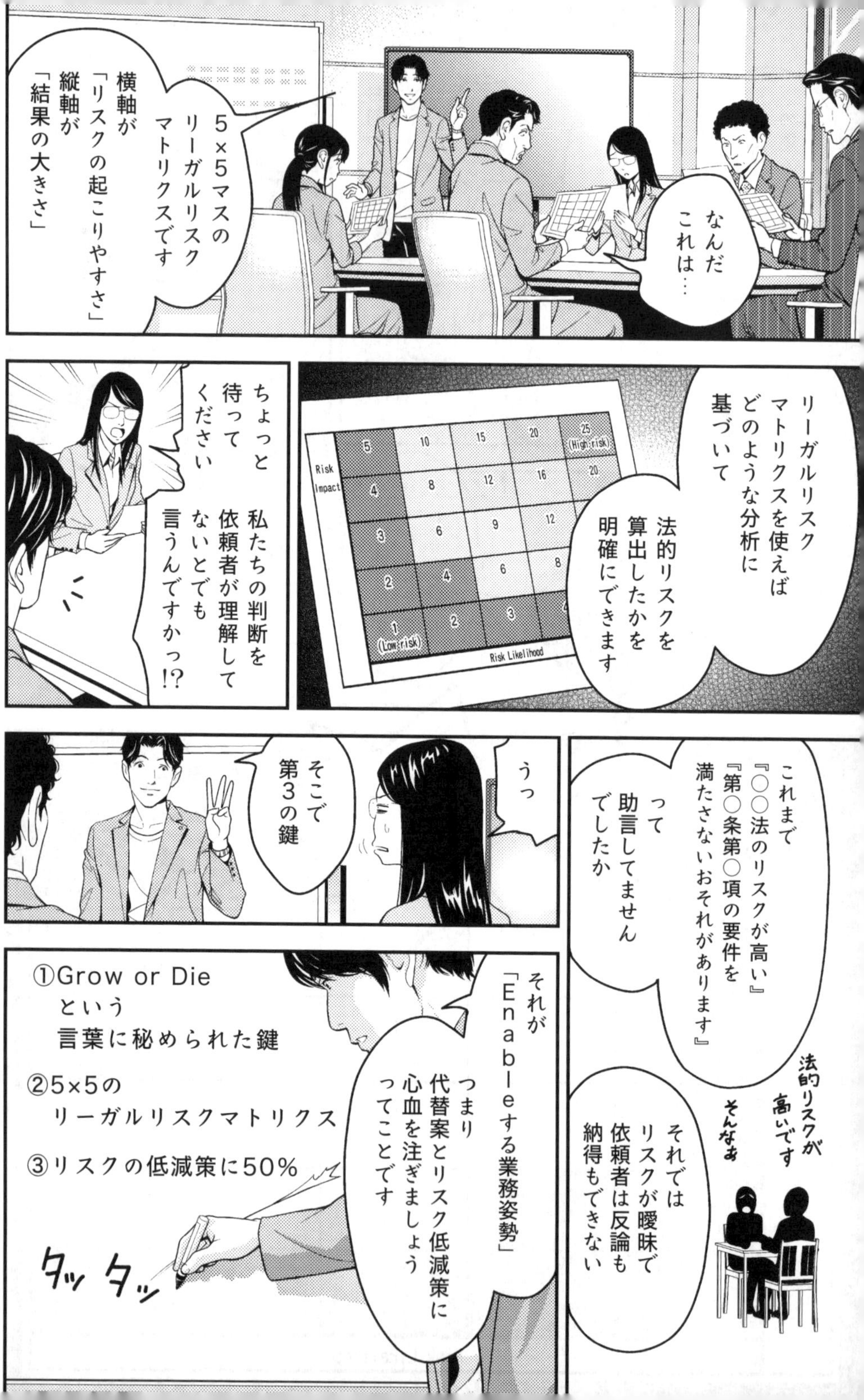
なんだ これは…
5×5マスのリーガルリスクマトリクスです 横軸が「リスクの起こりやすさ」縦軸が「結果の大きさ」
リーガルリスクマトリクスを使えばどのような分析に基づいて
法的リスクを算出したかを明確にできます
Risk Impact
Risk Likelihood
25 (High risk)
1 (Low risk)
ちょっと待ってください
私たちの判断を依頼者が理解してないとでも言うんですかっ!?
これまで『○○法のリスクが高い』『第○条第○項の要件を満たさないおそれがあります』って助言してませんでしたか
それではリスクが曖昧で依頼者は反論も納得もできない
法的リスクが高いです
そんなぁ
うっ
そこで第3の鍵
それが「Enableする業務姿勢」
つまり代替案とリスク低減策に心血を注ぎましょうってことです
①Grow or Die という 言葉に秘められた鍵
②5×5の リーガルリスクマトリクス
③リスクの低減策に50%
タッ タッ

NOのための分析に時間を費やすのではなく
検討時間の50%程度でリスク低減策を考えるということです
NO
YES
我々は法務部だぞ!!
誰が分析したって同じ答えが出るに決まってるだろ!?
果たしてそうでしょうか
それではみなさん今回の一件について
それぞれの考えをこちらの紙に書き込んでください
リーガルリスクの特定
○○○○○○○○○
リーガルリスクの分析
結果の大きさ【1~5】
○~○(理由:○○○○○○○○○
結果の起こりやすさ【1~5】
○~○(理由:○○○○○○○○○
リスクスコアの見積もり合計:○~○
リーガルリスクの評価
○○○○○○○○○
リーガルリスクの対応
オプションA:
○○○○○○○○○○○○○○○○○○○
【リスクの変化:○○○○○○○○○○】
直感や経験や前例に頼るのではなくリスクを可視化ができます
それぞれの考え方をこちらの表でまず見える化してみてください
いいだろうやってやろうじゃないか
えっ部長よろしいのですかっ
それでお坊ちゃんの気が済むならな

こ
こんなにも
それぞれの
意見が違うなんて…
信じられない…
リーガルリスクの
評価
リーガルリスクの
「リスクの
起こりやすさ」と
「結果の大きさ」を
明確にすることで
依頼人は
十分な情報に基づく
意思決定ができます…
これこそが法務部の役割
さぁ
みなさん
5×5の
リーガルリスク
マトリクスを
使って
法務部として
どう「独占条項」の
リスクを低減するか
アイデアを
たくさん考えましょう！

数日後—
みんな聞いてくれ
法務部としてのリスク低減策と提案を伝えた結果
独占にしたほうがメリットが大きいと社長が判断された
1年間の独占を受け入れる結果となったよ
そうですか
…
堤さん君の事務所にはよくやってくれていると伝えておくよ
ありがとう
部長！
べた褒め…
堤さんのやり方はこれまでのものとは違うが弊社に新しい風を起こしてくれている彼女に期待していますよ
堤はどうやって堅物の野田を丸め込んだんだ…

攻めの法務

(6/15)

Grow or Dieの法務マインドセット

加古川は、**5×5のリーガルリスクマトリクス**を示すに当たり、法務部の役職者に対して、「イノベーションを殺しているのは…善良な私たち法務だと理解してください」**「Grow or Dieという言葉に秘められた鍵」**と発言しています。経営企画部や営業部でもない、単なるバックオフィスの一部門である法務部（私たち）、まして外部弁護士が、なぜ会社のGrow or Die（成長か死か）と関係するのでしょうか。**「攻めの法務（6／15）」**の読了により、リーガルリスクマネジメントという臨床法務技術を駆使してリスクテイクを支援する際の重要なマインドセットを理解できます。

はじめに、なぜ、日本ではGAFAのようなIT企業が生まれてこなかったのでしょうか？

筆者はAirbnbに入社して以来、不確実性を乗り越えた革新的企業の法務部門の叡智を日本に持ち帰るべく学びを続けてきました。明治維新前後に米国の近代的な工場を視察して米国の先進的な産業システムを日本に持ち帰った先人同様、私たち日本人がまだ十分に到達できていないものは何かを謙虚な姿勢で必死で見つけようとしてきました。筆者が徐々に確信した仮説の1つが、「イノベーション（リスクテイク）を殺しているのはもしかして善良で真面目な私たち法務部門ではないか」というものでした。

誰かの努力や日々の業務を非難する意図はありません。米国企業と同じく、昔から日本の伝統的企業の法務部門においては「経営法務」が志向され続けており、世界と伍する国際的信認を得ている日本の法務部門も存在しています。加えて、私自身が不必要な「法務のNO」で100億円の事業を葬り去りかけた当事者でさえあります（詳細は二次元コード（97頁）先のインタビューをご高覧ください）。実際のところ、我々法務の人間が悪意を持ってイノベーションの芽を摘みとっているとは考え難く、むしろ、我々法務に定着しているフレームワークやマインドセットが（経営法務を志向しつつも）欧米の方法論を凌駕するには至っていないと考えています。

――この助言1つに、クライアントの「Grow or Die（成長か死か）」がかかっているというプロフェッショナルなマインドセット――

これこそが、法律家・法務が**「攻めの法務――リーガルリスクマネジメント」**を通じて十分な情報に基づく意思決定（informed decision）を支援する上で立ち返るべきマインドセットであると思います。

Airbnb の初代 General Counsel であった Belinda Johnson（私が尊敬する勇気があり聡明な女性で後に事業責任者であるCOO、さらに取締役にステップアップした）は、日々熾烈な競争にさらされていることを念頭に置き、法務部門の眼前の日々の業務が企業の「Grow or Die」に直結していることをチームに喚起し続けました。

初期のスタートアップと協働した経験がある方には伝わりやすいかもしれません。所属する会社の規模が大きくなればなるほど「Grow or Die」の感覚は麻痺していくように思われます。それは、まるで自分の職務が会社のとても「小さな歯車」のように感じられ――私がYESと言おうがNOと言おうが現状は維持される（という小さな誤信）――そして、法務部門の眼前の日々の業務がこの「Grow or Die」に直結しているとの意識はさらに薄くなってきます。忙しさの波があっても概ね変わらない日常が繰り返されます。日々、投資家からお預かりした資金のバーンアウト（資金燃焼）をひしひしと感じるスタートアップと異なります。日々のルーティンの中で、事業価値が数億円に化けるかもしれない相談に「NO（できません）」を提示しても、直ちに会社は潰れませんので、「Die」の危機感が乏しくなります。加えて、誰もこのNOを咎めることがありませんので、ゆっくりとしたスピードで、企業は、GrowではなくDieの方向へ歩みを進めていくことになります。

法律家・法務の精神論や心構えだけでは十分ではありませんが、**「攻めの法務――リーガルリスクマネジメント」**をお使いになる皆様のお心に「Grow or Die」があれば、その灯はより強く、多くの事業部の夢を明るく照らし出します。

「Airbnb 流、事業を前に進める法務の力　リードカウンセル渡部友一郎氏に聞く」
https://www.businesslawyers.jp/articles/880

NG

「法務部の私の知ったことではない。」

GREAT

「私の法務としての仕事1つ1つには、小さいかもしれないが、会社のGrow or Dieがかかっている。」

攻めの法務

(7/15)

あなたの5×5のリーガルリスクマトリクス

(1) 教科書のコアとなる5×5のリーガルリスクマトリクス

マンガにおいて加古川は、デンエイ法務部の役職者に対し、第2の鍵として**「5×5のリーガルリスクマトリクス」**を示しました。**攻めの法務（7／15）**では、この5×5のリーガルリスクマトリクスについて検討しましょう。講義編には、リーガルリスクマトリクスの基本的な利用方法と演習が準備されています。是非とも、マスターし、最高の法的助言に役立てていただきたいテーマです。

(2) 5×5に凝縮された「リスク」の全要素

はじめに、Airbnbでも利用されているリーガルリスクマトリクスそのものを見てください。5×5マスの横軸には「Risk Likelihood（リスクの起こりやすさ）」、縦軸には「Risk Impact

（結果の大きさ）」が置かれています。当該2要素は、「リスク」のＩＳＯ３１０００（ＩＳＯ３１０２２の親規格）における定義である『目的に対する不確かさの影響』（ＩＳＯ３１０００：２０１８の3.1）を最もシンプルに包含できます。確かに、ＩＳＯ３１０００は「リスク分析では、例えば、次の要素を検討することが望ましい」（同6.4.3）として「事象の起こりやすさ及び結果」とは別に、並列して、「結果の性質及び大きさ」、「複雑さ及び結合性」、「時間に関係する要素及び変動性」、「既存の管理策の有効性」及び「機微性及び機密レベル」の要素を掲げています。しかし、これらの要素を整理していくと、「結果の性質及び大きさ」と「機微性」は「結果」の要素に、また、「時間に関係する要素及び変動性」と「既存の管理策の有効性」も「事象の起こりやすさ」の検討に収斂されます。ＩＳＯ３１０００が要素として挙げる「複雑さ及び結合性」についても、筆者のAirbnbでの経験によれば、1～5の評価の数字に幅を持たせる（例：「3～5」などとする）ことにより同じく５×５マスのリスクマトリクスの分析過程に包含できると考えています。まとめると、**リーガルリスクマトリクスはＩＳＯ**

5×5 のリーガルリスクマトリクス

Risk Impact					
	5	10	15	20	25 (High risk)
	4	8	12	16	20
	3	6	9	12	15
	2	4	6	8	10
	1 (Low risk)	2	3	4	5
	Risk Likelihood				

3 1000が示すリスク分析の要素をギュッと1つの図に集約でき便利なのです。講演では「リンスインシャンプー」という表現をしています。

従来、忙しさなどを理由に「法的リスクがあります」で完結していた回答を、より立体的な助言にできる強力な分析の枠組みとなるでしょう。

(3) 1から5のスコアの付け方

リーガルリスクマトリクスに関する典型的な質問に「スコアの付け方」があります。1から5の数値はどのように付ければよいのでしょうか。基本的な考え方は以下のとおりです。

正しい数値を付けることは絶対的な目的ではないことが、出発点であり最も重要です。当該スコアリングを通じて、自己の分析を1～5の中で定量化して自己検証が行えること、加えて、**スコアリングのコミュニケーション**（対上長、対クライアント・事業部、対法律事務所等）**を通して、他者からフィードバックを得ること**が究極的な目的なのです。

具体的な業務場面を例に挙げると、同じ法的知識がある法務部員同士であれば「○○法のリスクが中程度ありますね」といったやりとりで、「リスクの起こりやすさ」及び「結果の大きさ」がある程度共有できるかもしれません（なお、マンガが示すとおり法務部員同士でさえ異なる見解をもつことが当たり前です）。しかし、法的助言の最終消費者であるクライアント・事業部はどうでしょうか。この場合、ベースにある法的な知識が異なるため、「○○法のリスクが中程度あります」

ひいては「〇〇法の法解釈には見解の対立があり〇〇です」と言われても、リーガルリスクが、どのような影響（implication）を生じさせうるのかを具体的に理解しづらいのです（例えば、刑事罰なのか、行政処分なのか、第三者からの訴訟提起なのかも不明瞭です）。ところが、一応のスコアリングにより**「数字」が伴うと、そのリスクの高低が、可視化されて解像度が高まります。**また、「〇〇法のリスクが高い」と専門的に教示されると非専門領域での質問や反論を誰しもためらうものです。「自分にわかるように説明してほしい」とは、非専門家から専門家には切り出しにくいものです。だからこそ、1から5という数字によって法律の専門性を脱色し、誰でも、より対等に、より同じ目線で、リーガルリスクについて意見を交換できるでしょう。

このように5×5のリーガルリスクマトリクスを用いてコミュニケーションを行った結果、これまで難解だった法律相談において、「助言が最近わかりやすく助かっています。事業部のチームメンバーでリスク対応策を考えてみましたのでさらに相談させてください」などの好循環が生まれるかもしれません。

(4) 発展途上のリーガルリスクマネジメント学の源泉

ここまで話を進める中で、便利な5×5のリーガルリスクマトリクスの存在を知り、「もっと早く知りたかった」と思った方はいらっしゃいませんか。実は、筆者も、日本の法学教育を振り返りながら、「これまで学んだことがなかった。――なぜ法学部や法科大学院で教えていないのだ」という素朴な疑問を研究途上から抱きつづけてきました。

実は、リーガルリスクマネジメントの研究はいまだ黎明期にあると言えます。事実、国際標準化機構（ＩＳＯ）によりリスクマネジメントの国際規格（ＩＳＯ３１０００初版）が発行されたのは２００９年です。調査を進めると、リーガルリスクマネジメントの源流には、金融業（例：銀行業、証券業、保険業など）と金融規制の発展（例：バーゼル規制）にあることがわかりました。金融のグローバル化・自由化が推し進められた21世紀の初頭は、（リーガル）リスクマネジメントの体系化の萌芽時期と重なります。金融に関する法規制の複雑化、そしてビジネス自体のグローバル化に伴い、経営全般にかかわる組織経営リスクを高度に可視化して管理する手法が必要とされたのです。そして、組織経営リスクの1つである「リーガルリスク」もスポットライトを浴び始めました。金融業において、リーガルリスク（例えば、法令違反に基づく当局からの莫大な制裁金・罰金等）が顕在化した場合、組織経営における無視できない「損失」につながるためです。このように、リーガルリスクマネジメントは、学術的にも、臨床法務技術としても、現在進行系で発展しています。

(5) 世界における多様なリーガルリスクマトリクス

詳しくは筆者の研究である「リーガルリスクマネジメントの先行研究と新潮流――5×5マスのリスク分析ツールからＩＳＯ３１０２２の未来まで」国際商事法務48巻6号で述べていますが、リスクマトリクスがＩＳＯ３１０００の制定以前から存在していることが確認されています。5×5

マスではなく3×3マスのマトリクスもあります。共通点としては、**「攻めの法務（5／15）」**で説明した2軸（X軸・Y軸）を用いて「リスク」を二次元の紙上に可視化できることです。名称は異なりますが、一方向にRisk Likelihood（リスクの起こりやすさ）という項目、もう一方向にはRisk Impact（結果の大きさ）という項目が置かれています。

例えば、次頁の上段の図は、Whalley氏らの『THE LEGAL RISK MANAGEMENT HAND-BOOK』で紹介されているリーガルリスクマトリクスです。横軸にはLikelihood（起こりやすさ）そして縦軸にはImpact（結果の大きさ）が置かれています。

さらに、次頁の中段の図は、カナダ司法省がリスクマネジメントの運用に係る報告書に記載しているものです。ここでも、Likelihood Level（起こりやすさのレベル）そしてImpact Level（結果の大きさのレベル）の2つの軸が示されています。他方、数字ではなく、Low, Medium, High及びMinor・Moderate・Significant（低・中・高）の三段階で構成されています。

次頁の下段の図は、アメリカ最大のインハウスローヤーの組織であるＡＣＣ（Association of Corporate Counsel、企業内弁護士協会）の記事において紹介されていたものです。横軸にはFre-quency（頻度、すなわち、起こりやすさ）そして縦軸にはSeverity（重大性すなわち結果の大きさ）が置かれています。

Typical 5×5 risk impact matrix

Impact vs Likelihood	Unlikely	Slightly likely	Likely	Very likely	Certain
Minimal	1	2	3	4	5
Some	2	4	6	8	10
Moderate	3	6	9	12	15
Heavy	4	8	12	16	20
Severe	5	10	15	20	25

カナダ司法省のLegal Risk Management grid dimensions

Assessing the likelihood of an adverse outcome	
Likelihood level	**Description**
Low	For litigation files, when the chance of losing the case is less than 30% For advisory files, when the likelihood of an adverse outcome arising is less than 30%
Medium	For litigation files, when the chance of losing the case is between 30-70% For advisory files, when the likelihood of an adverse outcome arising is between 30-70%
High	For litigation files, when the chance of losing the case is over 70% For advisory files, when the likelihood of an adverse outcome arising is over 70%
Unable to assess	If there is not enough information to permit a proper likelihood of adverse outcome assessment. Once more information is available and, at the very least, if the file involves litigation, before the matter is set for trial, a proper likelihood of an adverse outcome must be selected
Assessing the impact	
Impact level	**Description**
Minor	Minimal effect on the client department or government as a whole
Moderate	Potential for moderate effect on the client department or government as a whole
Significant	Significant effect on client department's policies or programs or to government as a whole due to actions or third parties or where media coverage is high
Unable to assess	If there is not enough information to permit a proper risk level assessment. Once more information is available, a proper risk level must be selected.

ACCのSimple Risk Map

A Simple Risk Map

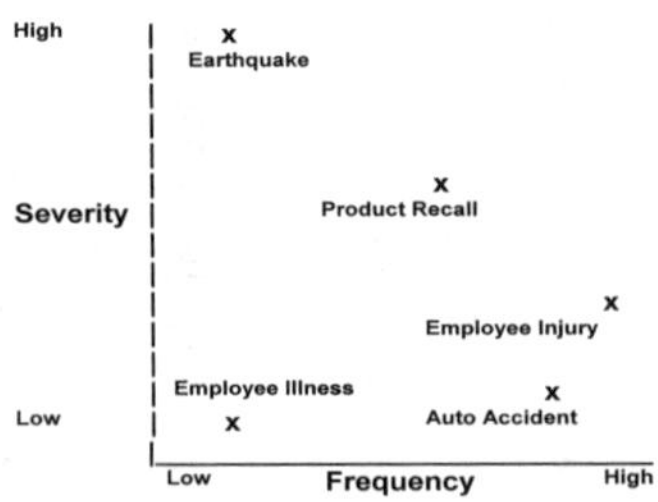

NG

法務部「学説は対立しており、裁判例では……(法律の専門用語)伝々…」
事業部「(よくわからないけど……)わかりました。」

GREAT

法務部「はじめに、5×5のリーガルリスクマトリクスをご覧ください。『起こりやすさ』は3、『結果の大きさ』は1～2です。」
事業部「なるほど。法的に見て『起こりやすさ』が3である理由を教えてください。さらに、3を更に下げる方法はありませんか?」

攻めの法務

☑

(8/15)

法務の創造力が試されるリスク低減策

加古川は、第3の秘密の鍵として、「5×5のリーガルリスクマトリクス」を用いながら、**リスクの低減策（Risk Mitigation）**に注力することを挙げます。以前から「代案を示す法務」という一般的な姿勢の重要性は説かれていました。しかし、代案とは何かを汎用的な枠組みで明快に示し、体系化する動きは十分ではありませんでした。臨床法務技術としてのリーガルリスクマネジメントにおいては、代案＝リスクの低減策であり、より広範には、「リスク対応」というプロセスの一部分を構成しています。**「攻めの法務（8／15）」**では、「リスク対応」の選択肢の1つであるリスクの低減策（Risk Mitigation）について基礎的な事項を学びます。

なお、リスクの低減策について、講義編では、民事・行政と2つの題材で、リスク低減策を自学自習で磨くトレーニングを用意しています。ご活用ください。

結論を先に示すと、**「攻めの法務――リーガルリスクマネジメント」**の真骨頂は、検討時間を「NO（できない）」と回答するための分析に費やすのではなく、リーガルリスクの精緻な分析を前提とした上で、どのようなリスク低減策（ガードレール等とも呼ぶ）を事業部に提案すれば「YE

S」と回答できるかを考えることに費やす力にあります。誤解がないように付言しますと、リーガルリスクの精緻な特定／分析なくして、最良の「リスク対応」は考案できません。立ち向かう「リーガルリスク」を法律と事実の観点から徹底して丸裸にすることによってこそ、現実的・効果的・創造的なリスク低減策のアイデアが生まれてきます。法律家・法務部門の基礎的素養である法律的・事実的分析を磨きつつ、真に企業のリスクテイクを助ける卓越した仕事をするためには、事案に応じたリスク低減策のアイデアが勝負の分かれ目になるのです。講義編民事・行政のトレーニングにおいて、実際に事案を目の前にすると、いかに現実的・効果的・創造的なリスク低減策のアイデアを提示することが困難かわかります。リスクの低減策すなわち「リスク対応」のプロセスについて、詳細は、講義編**「攻めの法務　実践の教科書（1／3）基礎」**の「リスクの『特定／分析／評価／対応』」(4)を参照してください。

NG

「事業部側で、別の方法がないか、検討してみてください(完)。」

GREAT

「リスクの低減策A・B・Cを提案します。Aは必須、Bを併用すれば効果的です。Cは強力ですが、Cを採用する競合他社は見つかっていません。他にもリスク低減策がないか、事業部と一緒に検討したいです。私たちも伴走します。」

マンガ編

会社全体を動かす

この物語はフィクションであり、
実在の法令・団体・人物とは一切関係ありません。

リスクが私の権限で許容できることがわかりました
それはよかったです
5×5のリーガルリスクマトリクスを法務部で使うようになって半年
5×5のマトリクス便利ですね
ありがとうございます
法務部の景色が変わったな
上司に見せて説得してみます
もし困ったことがありましたらいつでもご連絡ください
NOを言う回数も減り
社内でも評判も上々
5×5のリーガルリスクマトリクスを使うようになってから
みんなイキイキしてるな
部長っ

法務部内での話し合いも増えたし
それぞれの得意な分野がわかり担当できるようになった
堤さんのおかげだ
いえいえ私じゃないですよ
5×5のリーガルリスクマトリクスは加古川さんが教えてくれたんです
ぐ〜
ぐ〜
ぐ〜
認めたくないですけど…
ぐ〜
ぐ〜
私もだ…
ただ気をつけないとな
え

上手くいっている時ほど落とし穴があるものだからな
カッ
カッ
落とし穴なんてあるのかな？
社内に活気が出たし信頼もされるようになった
最近法務部が変わったの知ってる？
ピク…
なにそれ？
ほら社内では私たちの話題でもちきり

これまではちょっと難しい案件はリスクがあると邪魔されてきただろ
何個案件が潰されたか…
けど最近は多少無茶な案件でもリスクをしっかりと説明してくれるようになったんだよ
ニャ ニャ
へぇ知らなかった
ニャ ニャ
そのことで若手たちもやたらやる気になってるんだよね
うんうんいいことだ
そうなんだ
それは面倒だな
え
どどどどどういうことよっ
わかってくれるか
もちろん
中途半端な探求心に火がついてやる気になられても失敗したら俺たちがけつを拭かなきゃいけないだろ
そうそう
ゴゴゴゴ
何よその理由!!!

そんなこと言ってるんですよ
ああいった上司がいると士気が下がりますよね
困った人たちです
めちゃくちゃ腹立っちゃいました
困った人は堤さんですよ
コトン
その人達が話している内容は至極まっとう
5×5のリーガルリスクマトリクスはイケイケどんどんと後押しするツールではありませんよ
え

リスクを
明確にして
行く判断もあれば
留まるという判断も
あります
使い方を
間違えると
大きな
しっぺ返しが
待ってます
そんなこと
言われなくても
わかってますよっ
いや
わかってません
わかってます
って
大変ですっ
ダ
ダ
ダ
新規事業に
商標権侵害の
警告書が!!
!
ガタン

新規事業のサービス名に対して商標を侵害していると…
会議室
Meeting Room
当初から懸念されていましたが思ったよりもセンシティブな問題だったようです
どうしてこのような判断に至ったんでしょうか？
そ それは…
まさか私が担当した新規案件だったなんて…
堤さんが大丈夫って言ったから
それを信じて進めました
ええっ
ちょっと待ってください
私はちゃんとリーガルリスクがあると伝えました
でもいけるって言いましたよね
！
万が一問題が起こってもその結果の大きさは中程度ですし起こりやすさは極めて低いですね
堤さんがそうおっしゃるなら前に進めて大丈夫ですね

もちろんです！
リーガルリスクもほとんどありませんから
そそれは
そもそも「YES」「NO」を決定するのは堤さんではありません
法務の仕事は意思決定の支援です
うっ…
確かに私がビジネスジャッジをしたかもしれない—
ギュッ
とにかく法務部としての判断の甘さが招いたことは事実です
和解ができないか探ってください
カッ
カッ
—けど納得ができない…
新規事業にリスクはつきもの
リスクを背負うんだから今後も今回のようなことは必ず起こる
ポイントはどれほどリスクを許容できるか
だからこそ5×5のマトリクスで説明したのに

ちょっと待って
つまりこれからもリスクが顕在化したら責任は私たち法務部が背負わされるってこと…
会社のために頑張ってるのバカみたいじゃない…
だったら言われた仕事を黙々とこなしてればよかった
私だって色々と我慢してるのに
あっ堤さんちょうどよかった
ちょっと今からいいですか？

実は「CarNA」との新規事業サービスが立ち上がる予定なんです
しかも次は当社も大きくコミットする予定です
え
これって個人間でレンタカーをすることですか…
レンタカーというよりもシェアするって感じですね
個人が所有している車を使っていない時に会員にシェアするというサービスです
オーナー
ドライバー
いいですよ！
シェアしてください！
シェア
どうかしましたか
いいやっ

リーガルリスクが高そうだなって思って…
物損
人身事故
そうなんです
個人間とはいえレンタカーの免許が必要なんじゃないかとか
許可書
CarNA
それにもし大事故を起こした時の補償の問題などやるべきことは山積みです
けど
やりたいんです！
5×5のリーガルリスクマトリクスがあればリスクを軽減できますよね
うっ
グイ
ちょっと待ってくださいリーガルリスクを考えたら難しいですよ
その言葉久しぶりに聞きました

加古川さんっ
やっほー
また盗み聞きしてたんですね
ははは ご明察！
まさか「リスクがあります（完）」って言おうとしてませんか？

キュ
とにかく法務部で検討してからです
ガガッ
―ということでして顕在化しうるリスクはこれらのことが考えられます
特にレンタカー業を規制する法律や
・・・古い通達も気になります
以前だったら速攻リスクがあるからダメと蹴ってしまうような案件だな
だったら無理しなくても…
なんてこと言えるわけないし…
ゴホン
ここからは5×5のリーガルリスクマトリクスを使ってみなさんのリスク低減策を聞かせてください

数日後——
——以上だ
リスクの軽減策はこんなものか
これらを全て併用すればリスクは取れるレベルにまで下がりそうだな
カプ
はは
はい…
あとは今日の内容を元に取締役会での想定問答を作っておくように
役員への質疑応答も頼むよ
わかりました…
ドキッ
はは
はい…
…

一生懸命頑張っても法的問題が起きれば
責任を問われるのは担当者の私
キャリアも傷つくかもしれない
なるべくリスクは取りたくない
あの――
僕が代わりに応答しましょうか?
えっいきなりなんですかっ
どうも堤さんって覚悟が足りないなって思って?
え
覚悟?
どういうことですか?
人にリスクを取れと押し付けてるが
自分だけは安全な場所にいたいような
ちょっとなにを言うんですかっ

私には リスクを負う 覚悟があります
法務部は 事業部の パートナーです
だからこそ ステークホルダー としての 覚悟が必要なんです
私たちの仕事は リーガルリスクを 洗い出して低減し
事業部の リスクテイクを 可能ならしめること

その覚悟がないなら…
覚悟のある私に任せてください
ちょっと待って
！部長…
私も一言いいかな

取締役会当日
——以上のように車を持たない世代に向けてもアプローチできるサービスとなっています
ドライバー
オーナー
シェアしてください!
いいです
シェア
なるほど確かに面白い取り組みだ
シェアリングエコノミーはビジネスの潮流となっている
概要はわかったただリーガルリスクに懸念があるんだが
これらのサービスには複雑で細かい法的な裏付けが必要になるだろう
そのあたりはどうするつもりだ?
そちらは法務部から説明します
グッ

説明させていただきます
部長ありがとうございます取締役会で承認されたのは部長のおかげです
野田部長の一言に救われました
私も一言いいかな
「ミスするな」は「新しいことをするな」と同意語だ
もし問題が起こっても
そんなもの以前の法務部と変わらない

責任は私がとる
君は自分が正しいと思うことを精一杯やればいい
私は心のどこかで部外者だと思ってましたが
部長のおかげでここの法務部は私の居場所だと感じることができました
あの言葉は私にとってまさに心理的安全でした
君は我々の仲間だ
このプロジェクト必ず成功させよう
はいっ
ところで加古川さんどうせいるんでしょ
ハッ
えっ
あらバレてた

攻めの法務

(9/15)

法務はビジネスジャッジの主体ではない

主人公の堤かおりは、悪意なく、依頼者・事業部の**十分な情報に基づく意思決定（informed decision）の「支援」**に集中せず、**自ら（本来事業部の専権である）リスクテイクの意思決定**を行いました。結果として、商標権侵害のリーガルリスクがある「名称」を新規サービスに冠することを事実上主導してしまいます。それを咎められ、本人もやりきれない思いになっています。読者の中には「この親切な行為の何が問題なのだ?」「決められない事業部に代わって法務部が意思決定するのは日常的」と懐疑的な方もいらっしゃると思います。一体、何が間違っていたのでしょうか。

多様な見方があるかもしれませんが、リーガルリスクマネジメントの観点から、**「法務はビジネスジャッジの主体ではない」という原則は、極めて厳格に貫かれるべき**です。純粋な法的助言を超えたビジネスジャッジ（ビジネス視点の意見）は、十分な情報に基づく意思決定（informed decision）を阻害します。頻繁に見受けられるのが、トラブル発生時に、「法務部ができるといったので進めました。」という事業部の説明です。意思決定を行うのは事業部門です。それは、「やる・やらない」を最終的に決定し責任を負うのは事業部門で、法律家・法務部門ではないことを意味しています。したがって、助言時に、ビジネスジャッジを行い、**ビジネス的な意見を具申することは、リーガルリスクの特定／分析／評価／対応とは厳格に切り分けて提供される必要があります。**実際、筆者は、Airbnb 法務部で学ぶ前、勘違いをしていました。

もともと、英国系法律事務所でキャリアをスタートさせた私は、事業のライフサイクル（誕生から終焉まで）の全過程に携わり、事業部門の夢を多く叶えたいと思うに至り、事業会社の法務部に転職しました。当初、法律事務所の弁護士の純粋な法的助言を超えて、事業部門との議論の中で、一人のビジネスパーソンとして、意思決定に携われることが楽しくて仕方ありませんでした。事業部門がリーガルリスクを取れるか取れないか迷う中で、法務の専門家の自分が決められる感覚があったのです。

しかし、依頼者・事業部が十分な情報に基づく意思決定を行うためには、法律家・法務部門の帽子と事業部の帽子とを明確にかぶり分け、区別して説明することを求められています。依頼者・事業部からすると、アドバイスのうち、どこまでが法的な見解で、どこからが自分自身が意思決定すべき箇所か不明瞭になるからです。また、法律家・法務部門が厳密には意思決定権限がないことも謙抑的にわきまえなければなりません。次のようなフレーズが強力な味方になるでしょう。

NG

「法務部・組織内弁護士はビジネスジャッジができる。」
「問題ありません！」

GREAT

「リスク低減策A・B・Cを提案します。Aは必須、Bを併用すれば効果的です。Cは強力ですが、Cまで履践する競合他社は見つかっていません。◯◯さんは事業部としてどうお考えですか。」

NG

依頼者「法律家・法務部門として、このリーガルリスクを取るべきでしょうか？」
あなた「はい、リスクを取りましょう。」

GREAT

あなた「法律家・法務部門の帽子をかぶると、先ほど、リーガルリスクマトリクスで説明したとおりです。仮に、法律家・法務部門の帽子を外して事業部の帽子をかぶるのであれば、個人的には◯◯と考えます。◯◯さんは事業部としてどうお考えですか。」

攻めの法務

（10/15）

NO心理的安全性　NO攻めの法務

デンエイ法務部長の野田は、主人公の堤かおりに対して、取締役会前に「心理的安全性」を確保するために必要なケアを行っています。**心理的安全性**とは、**メンバーが対人関係のリスクを恐れることなく安心して率直に意見を述べられる状態（環境）**を言います。もともと、医療現場での実証実験から発展した概念です。近年は、企業不祥事の第三者委員会報告書などにおいて、「ものが言えない企業風土」や「減点主義の企業風土」が指弾される際に、心理的安全性の欠落が、組織における学習サイクルを機能不全に陥らせている原因として注目されています。

実は、この**「攻めの法務（10／15）」**の考え方を欠いたチーム（法務部のみならず法律事務所など法律家のチームを含む）では、他の「攻めの法務」を全て実践しても、中長期的には画餅に帰すでしょう。それはなぜでしょうか。

想像してみてください。**新しいことを取り入れようとすると孤立する法務部。失敗すれば「前例に沿わないからだ」と叱責される法務部。法務部長の感情の起伏が激しく、ほとんどのメンバーが顔色をうかがっている法務部。閉鎖的・官僚的な風土の法務部。**このような法務部の環境において、攻めの法務（リスクテイク）は、所属企業全体には最善であっても、自分のキャリアには、「物言えば唇寒し」と、対人関係のリスクを生じさせる点で、最善ではない場合もあるでしょう。**法律家・法務部員として、なるべく問題を起こさないように、保身を優先し、耐え忍ぶ環境では、攻めの法務は瓦解します。**

2つの重要な示唆があります。

第1に、攻めの法務を実装したい「組織・チームレベル」においては、心理的安全性は、一丁目一番地の最優先課題であることです。5×5のリーガルリスクマトリクスをいくら法務部内で普及させたところで、法務部長や他のメンバーと自由闊達に心理的安全性を確保された状態で議論が行えなければ、法律家・法務部員は、（法務部長に黙って同調し）保身的・保守的なリスクのスコアリングを行い、リスクテイクをしない方向で案件を誘導していくでしょう。これは、正常なリーガルリスクマネジメントではありません。結果的に、クライアント・事業部は、法務部長用にお手盛りされ歪められた誤った助言を受け、十分な情報に基づく意思決定が行えません。

第2に、攻めの法務を実装したい「個人レベル」において、選択肢はより柔軟であることです。リーガルリスクマネジメントを一切放棄する、または、対人関係リスク（軋轢）を起こしつつ一人でも実行する、このような両極端の選択肢もあります。しかし、筆者の推奨は、次のとおりです。はじめに、思想良心の自由ではありませんが、皆様が個人レベルの頭の中（内心）でどの分析プロセスを採用しようが完全に自由です。アウトプットは既存の法務部のスタイルにあわせつつ、しかし、未来の最良の（社外）ポジションを目指して、リーガルリスクの特定／分析／評価／対応において、常にリーガルリスクマネジメントの枠組みを最大限利用し、自らの能力を黙々と向上させ続けるのです。今の法務部が皆様にとって、「理想・あこがれの場所でない」としても、一人、本書を手に、黙々と臨床法務技術を磨くことは可能であり、かつ、あなたの完全な自由・権利なのです。特に、若手の法律家・法務部員の方は、**社外から、筆者も心から応援していることをどうか覚えておいていただけたらうれしいです。**

NG

法務部長「各自、渡部先生の『リーガルリスクマネジメントの教科書』を読んで、リスクテイクを助けられる法務部員になるように。君たち次第だ。」

GREAT

法務部長「私たちの法務部で『攻めの法務』が十分に浸透していないのは、個々のメンバーの責任ではない。法務トップの私が、心理的安全性を十分に重視・確保できておらず、メンバーを萎縮させてきたからだ。今から改善しよう。」

攻めの法務

（11/15）

RASCIモデルに学ぶ手続的合意

(1) 意思決定に関わる人をなぜか法務が探し求める問題

「攻めの法務（9／15）」では、法律家・法務部門は、ビジネスジャッジの主体ではないことを説明しました。法律家・法務部門の業務目的を、十分な情報に基づく意思決定（informed decision）の支援であると定義した場合、これまでクライアント・事業部が、法務部に対して悪意なく委ねてきたビジネスジャッジ（意思決定）について、どの部署・誰が最終的に責任を持って行うのかの手続の「確定」が、現場では問題になります。

さらに、法務部が頭を抱える共通の問題として、部署横断的な案件の場合、他部署の巻き込み・調整が必要になります。具体的には、事業部から法務に相談された「案件」が、ソーシャルメディア上で拡散されている自社製品へのデマ対応であったとします（プレスリリースでお客様に注意喚起したいと事業部が希望）。事業部と法務部が相談して事業部が意思決定しても、当該意思決定は必要な全ての部署が加わっていない点で不十分です。広報部が法務相談の手続に同乗していないと、事業部から広報部に対する不正確な伝言ゲームが生じたり、事業部が積極的に広報部に相談しない事態が生じたり、法務案件の出口が見えなくなり、滅茶苦茶になりがちです（英語ではgoing back and forth［後ろに前に行ったり来たり］と言います）。

(2) Airbnbで学んだ手続的合意

では、どのようにすれば、（民事訴訟法の既判力の議論にならって）**相談の一回的解決**ができるのでしょうか。リーガルリスクマトリクスを用いた議論に必要な関係者を巻き込み、全社的に攻めの法務を実装する何か良い方法はないでしょうか。

結論から言えば、**「RASCIモデル」**を法務相談に取り入れてみてください。

「RASCIモデル」は、意思決定の役割（手続的問題）を、議論のテーマ（実体的問題）に先行して議論・合意形成する際に用いられています。私は日本人として、日本人同士が議論する際に、誰がどのような意思決定権限を持つかという手続的問題を議論して合意する風景をあまり見たことがありませんでした（基本的に「和をもって尊しとなす」をベースにした意思決定手法を無意識で行っているからだと推察します）。しかし、外資系企業の場合、合意形成や働き方（way of working）について全員が共通した文化的基盤を持っていません。そこで、「RASCIモデル」のように、どの部署の誰がどのような権限・責任を持つのかについてすり合わせを行うのです。

この手続的合意の手法を応用して、法務部が招集する第1回目の会議では、いきなり議論のテーマ（実体的問題）を取り上げるのではなく、議論を進めるにあたり「意思決定の役割（手続的問題）」を先に議論し合意してしまうのです。これにより、「和をもって尊しとなす」の弊害である、本来意思決定権限がないメンバーによる反対（＝本来拒否権を持たない、RASCIモデルで言えばSやCの人が議論を止めることが往々にしてあります）を防ぎ、かつ、意思決定権限を持つ部署や人が漏れていないかを慎重に全体で確認できます。**RASCIモデルを使えば、全部終わった後に「聞いていなかった」と相談の一回的解決を蒸し返されるリスクも低減できます。**

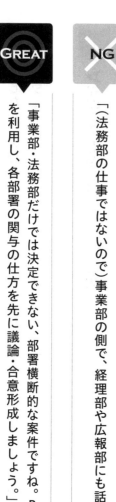

NG

「（法務部の仕事ではないので）事業部の側で、経理部や広報部にも話をしてください。」

GREAT

「事業部・法務部だけでは決定できない、部署横断的な案件ですね。RASCIモデルを利用し、各部署の関与の仕方を先に議論・合意形成しましょう。」

RASCI モデル

R	**RESPONSIBLE** 当該案件の結果について最終的な責任を負う部署・人 （必ず１名・１部署）	日本法人の代表取締役
A	**ACCOUNTABLE** 当該案件の結果について最終的な意思決定権限＝拒否権を持つ部署・人（原則１名・１部署だが部署横断案件のため例外的に２名がCo-Accountableな場合もある）	日本法人の法務部
S	**SUPPORT** Ａの人へサポートを提供する部署・人 （意思決定権限＝拒否権を持たない）	日本法人の代表取締役 日本法人の広報部
C	**CONSULTED** 最終的な意思決定の前に相談を行うべき部署・人 （意思決定権限＝拒否権を持たない、相談に留まる）	米国本社の広報部 米国本社の法務部
I	**INFORMED** 意思決定について情報共有を受ける部署・人 （お知らせをする）	日本法人の カスタマーサポート部

マンガ編

国を動かす

この物語はフィクションであり、
実在の法令・団体・人物とは一切関係ありません。

カ～ナ
カ～ナ
僕の車
貸せる
カ～ナ♪
カ～ナ
カ～ナ
気になる車
借りられる
カ～ナ♪
マッチング
そんな人達
マッチング♫
あなたの
車を
シェアしよう！
マッチング
CarNA Sharing
カーナ シェアリング

現在
大反響感謝
キャンペーン
実施中!!
しゃ
社長…
ぐぐぐ…
ブル
ブル
なにが
カ～ナ
カ～ナだっ!
新サービスの
カーシェアリング
のせいで
レンタカー業界は
売上
急降下だぞ
日の丸レンタカー社長
日野丸　一男
しかも
その片棒を担ぐのが
我々の提案を蹴った
デンエイなのも
なお許せん!
新サービス
CarNA
デンエイ
なんとか
ならんのかっ
そうですね…
過去の通達を使えば
サービスを停止
させることが
できるかもしれません
なにっ
日の丸レンタカー
法務部　弁護士
薪　炭次郎

なるほど 昭和40年に そんな通達が でていたのか
ただ もう少し調べて みないと 現段階では 確実では ありませんが…
調べる必要 などない
ぼやだって 火をくべれば 大火となり
灰と 化す
…
もしもし いつも お世話になってます 日野丸です
どこに お電話を？
山王坂先生は いらっしゃい ますか？
先生は ただいま 国会で 答弁中です
是非 先生のお力を お貸し いただきたいんです

力を?
私が代わりに伺いましょう
議員秘書
暗闇(くらやみ) 進(すすむ)
ほぉ CarNA(カーナ)の新サービスが通達無視ですか
それはいけませんな
すぐに私の方から国土運輸省に注意するように強く言っておきます
いつもありがとうございます
よろしくお願いします
次のパーティー是非お伺いさせていただきますね
ぺこ
ぺこ
ぺこ
トン
火をくべる…つまり政治の力を使うということですか
ん
ベンチャーごときに大袈裟か?
いえそういうわけでは
獅子搏兎(ししはくと)だよ
え?

ライオンはウサギだろうと
全力で狩る
ライオンも必死なんだ
数日後――
えっ
国運省から呼び出されたんですか
はい…今朝突然電話がかかってきて
明日新サービスの説明をしろと言われました
用件は？
何度聞いても教えてくれませんでした
それは不気味ですね

国土運輸省
ドン
国土運輸省
課長
昼間(ひるま)　行灯(あんどん)
国土運輸省
課長補佐
事(こと)　なかれ
―という
サービスを
提供しています
あの…
なにか問題が
ありました
でしょうか？
……
これを
見てください
これは？
バサッ
昭和40年に
出された
通達です
昭和
40年

国運管共第7171号
自家用自動車の共同使用は
原則として
公営住宅法に定める
「団地」の敷地内に
駐車された自動車
団地の居住者同士で
一時使用する場合に限る
昭和40年4月1日
御社はこの通達に著しく違反している可能性があります
しかしこんな古い通達今さら…
違反は違反ですから
もしサービスを停止しなければ…
大臣会見のときに御社に行政指導を行ったことを発表させていただきます…
そんな…
ではすぐに停止してください
ガタン
ちょっと待ってください!
バッ

1か月時間をお与えくださいい!!
バッ
…
まぁまぁいいでしょう
課長
サービスを閉じるのに1か月もあれば十分でしょう
バタン
課長いいんですか?
いいんだよ彼らも被害者なんだ
あの人に目をつけられたらこの国では生きていけない
オワコンだよこんな国

国土運輸省
まさか昭和40年の通達を出してくるとは―
思ったとおりでしたね
想定内です!!

半年前—
そちらはコンティンジェンシープラン（緊急時対応計画）です
ん
規制官庁が昭和40年通達を理由にサービス停止を求めてきた場合？
おいおい さすがに そんな昔のことを持ち出すことないだろ
万が一のコンティンジェンシープラン（緊急時対応計画）が必要かと…
しかしだね
Contingency Plan
リーガルリスクマネジメントにおいてリスク対応こそが最大のポイントです
コミュニケーション＆協議
Phase1 リスク特定
Phase2 リスク分析
Phase3 リスク評価
Phase4 リスク対応
リスクアセスメント
リスク対応
リーガルリスクの特定や分析評価をした後に
リスクに対応するための選択肢を具体的に選定する必要があります

リスク対応の計画及び実施
対応の有効性の評価
リスク
残留リスクが許容可能かの判断
許容できない場合さらなる対応の実施
そしてリスク対応にはいくつか選択肢があります
活動を開始・継続しない決定をする
機会を追求するためにリスクを取る又は増加させる
リスク源を除去する
起こりやすさや結果を変えるリスクを共有する(契約、保険など)
リスクを保有する
昭和40年の通達もリーガルリスクマトリクスの「起こりやすさ」と「結果の大きさ」で丁寧におさえてみると
起こりやすさは低ですが結果は深刻になると見積もらざるを得ません
Risk Impact
だからこそ今から多角的に対応ができるようにする必要があります
確かにいきなり省庁に行政指導を受けると
パニックになり冷静な判断ができないかもしれないいな
わかった君たちに任せるよ
ありがとうございます!

あの時
しっかりと
対応しておいて
よかった
資料は揃っているのでさっそく行動しましょう!
はいっ!!
1か月後—
国土運輸省
はい
山王坂先生のおかげで大きな事故につながらなくてすみました
そろそろCarNAからも連絡がくるはずです
今後ともご指導ご鞭撻よろしくお願いします
ガチャ
山王坂先生にもいい加減にしてほしいものだ
はぁ〜
課長大変ですっ
ダダ
規制改革特命大臣訶野太郎先生がやってきました
なんで?

ドン
規制改革特命大臣
河野　太郎
規制改革特命大臣
どうかしましたか
スタ
スタ
ちょっと近くに寄ったついでにね
実はCarNAから相談があったんだ
え
君たちが問題提起した昭和40年の通達だが―
規制改革構造会議で取り上げさせてもらうことになった
ええっ

規制改革構造会議だと
どうしてこんなに早く経済商業省が内閣府と動き出すんだ…
ドキッ
どうしてこんなに早くと思っているだろ
ぐっ
はい
あまりにも準備が良すぎるんじゃないですか？
実はCarNA(カーナ)とデンエイの担当者が経済商業省に来て準備をはじめたのは
半年前だ
半年も前…
サービス開始する以前から経済商業省に足繁く通い
あらゆるケースの対策を相談していたんだよ
そして1か月前ここで君たちに勧告を受け
その足で経済商業省にやってきたんだ
グレーゾーン改革制度の申請にきました
…
…
え
グレーゾーン改革制度ですか…

グレーゾーン改革制度とは
不明瞭な規制に対して適用の有無を
明らかにするために
経済商業省が事業者と他省庁の間に入り解消する制度
他省庁
経済商業省
事業者
昭和40年の通達を本当に使ってきたんですね
わかりました
経済商業省
課長補佐
草間 綾子
早速チームを作り国運省と交渉をはじめましょう
よろしくお願いします
嘘だろ…昭和40年の通達を予測していたのか
だからこんなにも早いのか…
昼間課長!
くっ
俺の名前も調査済みか
インターネットも存在しなかった昭和40年の通達を問題視するなんて
邪魔しようとしているとしか思えない
ギロッ
!
そっそんなことは
そもそも—
こんな通達どこから探し出して来たんですか?
え

リークされたんじゃないですか?どこかの議員に
カッ
!
あなたがわざわざ泥をかぶるほどの人物じゃないのでは
……
ズッ ズッ
くくくっ
確かに
課長
山王坂(さんのうさか)議員です
課長っ
1週間後―
通達は停止されてサービスを止めることができない!?
話が違うじゃないですか!!
ガタッ
うちの秘書が安請け合いしてしまったようで
申し訳ない
あっいやっ
いえっ山王坂(さんのうさか)先生のせいでは

ピッ
ふざけるなっ
何が秘書が勝手にやっただ！
ドン
お前にいくら献金していると思ってるんだ！
薪くんっ きみが過去の通達が使えると言ったせいでこうなったんだ
なんとかしろ
ビッ
私は調べてみないとわからないと言いました
口答えをするなっ！
ドン
社長っ
CarNA(カーナ)が大規模なキャンペーンを仕掛けてきました
なんだとっ
見てください 特命大使として世界的ミュージカル俳優の美可絵留(ミカエル)さんを使っています
みんなも使いましょう

それだけでは ありません ユーチューブ などでも 法律の専門家が わかりやすくサービスの 適法性を解説する 動画が上がっていますし
……
メディアとの 勉強会も 精力的に 実施しています
社長っ カーシェアリング サービスの 会社を応援していく 議員連盟が 発足しました！
なんだと
しかも 政府与党重鎮たちが ぞくぞくと 顧問として 就任しますっ
どうなってるんだっ
社長っ
今度は なんだ
「業界団体」の 設立が 発表されました
ちょっと 待てっ！
ピクッ
……
ただの ベンチャー企業に そこまでの ネットワークが あるとは思えん…

裏で絵を描いてる奴がいる…！
わしに出来ることはすべてやった
じいちゃんありがとう
加古川さん！国土運輸省から連絡が来ました
通達は適用されないということです
そうですかよかったですね！
日の丸レンタカーからの嫌がらせも無くなったそうです
さすがに諦めたんですかね
まだわかりませんあそこの社長はしつこそうですからね
リーガルリスクをマネジメントできたおかげです
大丈夫法務部のみんなのおかげで対策はばっちりですから
はい
だから心置きなく旅立てます
え

予定より早く
アメリカに
行くことが
決まったんです
加古川さんに
教わったことを
胸に
アメリカで
暴れてきます
あと会長にも
ご協力ありがとう
ございますと
お礼を
言っておいて
ください
最強の
七光りですね
あれ
気づいてた
するどいね

攻めの法務

(12/15)

リーガルリスクマネジメントのコアプロセス

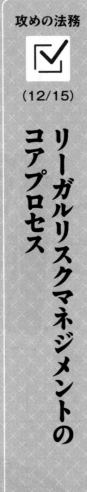

(1) 行政官庁との法令解釈を巡る紛議

皆様の組織は、過去、行政官庁（省庁、地方自治体、警察など）・競合企業・顧客との間で、法令への抵触を巡るトラブルに巻き込まれたことはありませんか。

私たち法律家・法務部門は、ときに、昼夜問わずの対応を要する緊急案件対応に奔走し、疲弊します。マンガでは、国土運輸省（注：フィクション）が、法令及び昭和40年の通達（注：フィクション）を根拠として、口頭による行政指導を行います。同省の課長・課長補佐は、デンエイに対し、直ちにサービスを停止しないと、行政指導の事実を大臣の定例記者会見で公表するとプレッシャーをかけてきます。行政法上の議論はありますが、公表は非権力的行為であり、裁判所への差止請求や事後の国家賠償法に基づく損害賠償請求も困難です。裁判所の救済は、最高裁までの道のりを考えれば、時間・コスト・レピュテーションの面から企業にはマイナスな点が多すぎます。**日本では行政官庁との紛議に係る司法救済は、非現実的な選択肢と考えています**（なお、一部の外国の法域では、行政官庁に結論を見直してもらうために司法救済を法律家・法務が提案することもあります。しかし、日本では中長期的な関係断絶や嫌がらせのリスクも織り込んだ最終手段になるでしょう）。日本の所管官庁（裁量行政に慣れ、シビアな法的議論の応酬に慣れていない部署）の中には、稀に、弁護士に対する強い警戒感を持つ担当者もおり、法的書面やリーガルアクションを、所属官庁や個人へのパーソナルアタックと捉え、事態を悪化・硬化させるおそれがあります。

だからこそ、日本では、新規事業等が法令への抵触の可能性がある場合、**「攻めの法務――リーガルリスクマネジメント」**の４つのコアプロセスを駆使して、事前に、行政官庁の動きも織り込んだ、専門家（当該官庁に所属していた元行政組織内弁護士を推奨）を加えたシミュレーションを繰り返し、リスク低減策に多くの時間を費やす必要があります。以下、講義編でも解説し重複する部分がありますが、最も重要なトピックであるリーガルリスクマネジメントのコアプロセスを簡単に説明します。

(2) ４つのコアプロセス

ＩＳＯ３１０２２には**４つのコアプロセス**があり、どのような法律家・法務も、この汎用的な枠組みをあらゆる案件に適用できます。具体的には、リーガルリスクの特定／分析／評価／対応というプロセスです。

第１に、「リスク特定」を行います。リスクを発見し、認識し、記述するプロセス（ＩＳＯ

31000 6.4.2、ISO31022 5.3.2）です。**第2に、「リスク分析」**を行います。リスクの性質及び特徴（特質）を理解し、リスクレベル（＝リスクの大きさ）を決定するプロセス（ISO31000 6.4.3、ISO31022 5.3.3 参照）です。既に、**「攻めの法務（5／15）」**において2軸による分析を学習したとおりです。**第3に、「リスク評価」**を行います。リスク及びリスクの大きさが、受容可能かまたは許容可能かを決定するために、リスク分析の結果をリスク基準（＝リスクを許容できる条件）と比較するプロセス（ISO31000 6.4.4、ISO31022 5.3.4 参照）です。法律事務所やプライム企業法務部での講演においてよく質問を受けるのが、クライアント・事業部の「リスク基準（＝リスクを許容できる条件）」は何を見れば書いてあるのか、というものです。答えは、千差万別の事案でどこまでリスクを許容するかがあらかじめ明文化されていることは稀で、クライアント・事業部との協議・コミュニケーションを通じて、諸般の事情を考慮して、「リスク基準（＝リスクを許容できる条件）」を手を携えて確定する必要があります。**第4に、「リスク対応」**を行います。リスク対応とは、リスクに対応するための選択肢を選定し、実施するプロセス（ISO31000 6.5.1、ISO31022 5.4 参照）です。既に、**「攻めの法務（8／15）」**において学習したとおりです。

(3) 4つのコアプロセスの全部が重要……しかし

攻めの法務を実現する上で、4つのコアプロセスのどれが最も重要でしょうか。

結論は全部です（ただし、筆者は、自分自身を含めて日本の法律家・法務部員の「伸びしろ」は、第4のコアプロセスであるリスク対応にあると考えています）。

しかし、重要な注意事項があります。忘れてはいけないことは、多くの先達が口を酸っぱくして教えてくださるとおり、私たち法律家・法務部員の専門家たるゆえんは、法令に精通し、法解釈及び事実への当てはめに卓越していることです。マンガにおいて、主人公のかおりが、第1の「リスクの特定」に関して、レンタカー事業を規制する法律や昭和40年の通達を特定していなかったら何が起きていたでしょうか。リスク特定のプロセスが始動せず、結果、リスク評価や日の丸レンタカーの政治の力を利用した攻勢に対するリスク対応（リスク低減策）の考案や実施もなかったでしょう。この意味で、法律家・法務部員のビギナーは、まずはリスク特定を漏れなく実施できるよう、基本書やセミナーによる法令の知識の吸収、さらには、クライアント・事業部のビジネスを理解し、当該業界や商流に潜む典型的なリーガルリスクを貪欲に勉強する必要があるのです。

（4）取締役の責任とリーガルリスクマネジメントの効用

日本企業のリスクテイクを高める上で、攻めの法務に必要なリーガルリスクマネジメントは、会社法の取締役の責任との関係ではどのようなメリットがあるのでしょうか。詳細は、**渡部友一郎＝玉虫香里＝福島惇央「法令解釈が未確立の場合におけるリスクテイクと取締役責任――無過失の評価根拠事実としてのＩＳＯ３１０２２（リーガルリスクマネジメント）の運用」国際商事法務49巻**

5号をご高覧いただきたいのですが、ここではエッセンスをご紹介します。

問題の所在は、法令解釈が未確立の場合、法令違反のおそれがある行為について、取締役が会社法423条1項の責任を負うか否かです。マンガにおいて、CarNAの新サービスが法令に抵触すると確定したとすると、CarNAの新サービスを承認したデンエイCEO戸隠ほか取締役が、会社法上の責任を追及されるのはどのような場合なのでしょうか。

この点において、「具体的な法令違反行為」が争われている場合、経営判断原則は適用されないとする最高裁判例（野村證券損失補塡事件：最判平成12年7月7日民集54巻6号1767頁）があります。そのため、取締役は、無過失の評価根拠事実を抗弁として主張・立証する必要があります。田中亘教授の見解（田中亘『会社法　第3版』（有斐閣、2016年））に基づく私見として、リーガルリスクマネジメントのプロセスが実践されていた場合、①合理的調査：当該行為の適法性を判断するために合理的な調査を行ったこと、②法令解釈未確立：当該行為の適用法令の解釈が確立しておらず、適法性の判断が困難であったこと、③費用便益分析：合理的な費用便益分析を行い、その結果、当該行為をする方が会社の利益になると判断したこと、の立証が容易となり、結果、取締役の過失が否定され、責任を負わないと主張しやすいと考えます。

NG

「○○法［行政法規］に抵触するリスクがあります。」

GREAT

「○○法［行政法規］に抵触するリーガルリスクが特定できます。このリーガルリスクを『リスクの起こりやすさ』と『結果の大きさ』の2つの軸で分析すると○○。次に、評価を行うと、既存のリスク管理策のままでは○○の点で十分ではありません。しかし、リスク対応（リスク低減策）として○○、△△、□□を提案します。」

攻めの法務

(13/15)

コンティンジェンシープラン(緊急時対応計画)を極める

(1) 攻めの法務を極上の仕上がりへ

マンガでは、主人公かおりと加古川が、デンエイCEO戸隠に対して、リーガルリスクマネジメントの5×5のリーガルリスクマトリクスを示しつつ、**「攻めの法務(12/15)」**で学んだISO31022の4つのコアプロセスを案件に適用しています。具体的には、レンタカー業法に関するリーガルリスクとして、昭和40年通達をリーガルリスクとして**特定**し、「起こりやすさ」は低だが、「結果の大きさ」は高と**分析**しています。さらに、デンエイがこのまま何の準備もせずにサービスをローンチすることについて、当該リスクの**評価**として、許容可能なリスクを超える可能性を示唆します。そこで、かおり・加古川は、取締役会で承認されたリスク低減策に加えて、万全を期すために、リーガルリスクへの**対応**として、コンティンジェンシープラン(緊急時対応計画)を立案し、戸隠にプランの承認を求めています。

リーガルリスクマネジメントに習熟した上で、**コンティンジェンシープラン(緊急時対応計画)**

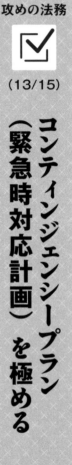

を自ら立案できるようになれば、皆様の法律事務所及び法務部における付加価値は一層すばらしいものになります。なぜなら、代案を出す法務、リスク低減策を提案する法務はYESを叶えるチームとして高く評価される上、コンティンジェンシープランまであれば極上の「いたれりつくせり」だからです。「低減したリスクをテイクしたが、万が一リスクが顕在化した場合」までカバーする先見性と計画性を持ち、賢いリスクテイクがどちらに転んでも、事業を守り切れる法務チームは経営者の最高のパートナーです。従来、行政法上の解釈が確立していない（グレーゾーンの）案件について、リスクを低減する試みはなされてきました。これに対して、真の攻めの法務は、リスクが実現した万が一の場合すら見通し、あらかじめ、事業部を含む関連部署とリスク対応を練り終えているのです。法律家・法務はすべての可能性を見通せるわけではありませんが、何度も、何かが起こってから「緊急対応」「スクランブル」して疲弊するのはもう私たちの世代で終わりにしましょう。リスクテイクを可能ならしめるのであれば、そのリスクが万が一生じた場合もシミュレーションして、淡々と対応できるようになりたいものです。

(2) コンティンジェンシープラン（緊急時対応計画）の位置づけ

コンティンジェンシープラン（緊急時対応計画）は、緊急事態に対処するための計画、または将来起こりうる問題への対処のための計画を指します。ＩＳＯ３１０００及びＩＳＯ３１０２２を参照すると、リーガルリスクマネジメントのプロセスでは「リスクの対応」のプロセスに該当します。

リーガルリスクへの対応（Legal Risk Treatment）とは、リーガルリスクに対処するために、組織により実施される戦略をいい、リスク対応計画では、優先順位を付したリスクごとに、法的救済だけでなく財務上、運営上、風評上の救済という、様々な対応の選択肢の検討を行います。部署横断的な検討の際には、**「攻めの法務（11／15）」**で学んだＲＡＳＣＩモデルをフル活用することを強く推奨します。

(3) コンティンジェンシープラン（緊急時対応計画）の作り方

コンティンジェンシープラン（緊急時対応計画）は、３つのポイントを押さえておけば、必要かつ十分な立案ができるでしょう。

第1に、アクティベート（起動・開始）する計画内容を検討します。具体的には「○○の実行を開始する」「○○を停止する」というものです。

第2に、アクティベートする条件を検討します。例えば、「当局の書面警告を受けた場合」または「○○が報道機関により報道されるに至った場合」などです。

第3に、ＲＡＳＣＩモデルにより各部署の計画への承認を整理・確定しておくことです。皆様が経験した「緊急対応」「スクランブル」を思い出してください。法務部だけではなく、様々な関連部署の担当者が火事場のように入り乱れ、情報は錯綜し、やがて徐々に指揮命令系統が確立され、大きな混乱が平静を取り戻していく、あのどっと疲れる状況です。いくら、リーガルリスクの対応として、法律家・法務とクライアント・事業部のメールボックスにコンティンジェンシープラン（緊急時対応計画）が備えられていても、危機時にゼロから関係者の承認を取ったのでは、指揮命令系統混乱時には緊急対応に万全を期したとは到底言えません。だからこそ、法律家・法務は、攻めの法務を極上の仕上がりにするために、事前に労を惜しまず、コンティンジェンシープラン（緊急時対応計画）の承認を得て一瞬で起動できる状態にしておくべきです。

　私自身も、コンティンジェンシープランを作成・活用するようになってから、危機的案件において、競合他社に先駆けた（かつ平時の事前準備に時間がかけられるのでより効果的・精緻な内容の）対応を実現した経験があります。「緊急対応」「スクランブル」のあの疲弊はリーガルリスクマネジメントと事前準備で大きく軽減できることをぜひお伝えしたいです。

コンティンジェンシープラン（緊急時対応計画）

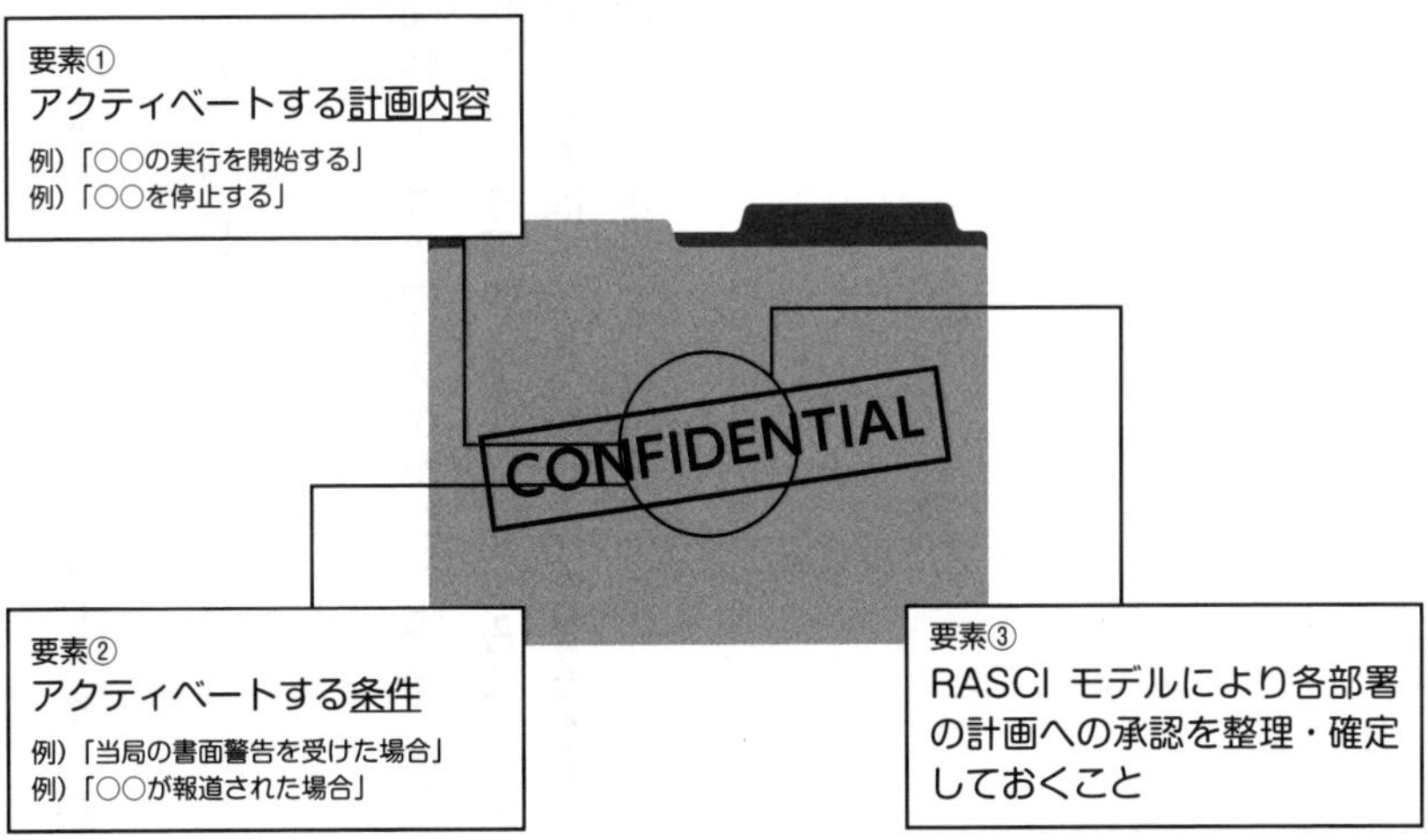
要素①
アクティベートする計画内容
例）「○○の実行を開始する」
例）「○○を停止する」
CONFIDENTIAL
要素②
アクティベートする条件
例）「当局の書面警告を受けた場合」
例）「○○が報道された場合」
要素③
RASCI モデルにより各部署の計画への承認を整理・確定しておくこと

NG

取締役「起こりやすさが『低』なのはわかった。しかし、万が一、リーガルリスクが顕在化したらどうする？」
あなた「……。万が一は否定できませんが、リスク低減策を講じます（そして起こらないことを願います）。」

GREAT

あなた「リスク低減策には万全を期します。同時に、万が一リスクが顕在化した場合に備え、コンティンジェンシープラン（緊急時対応計画）を関係部署と検討済みです。資料の○頁をご覧ください。内容はＸＸＸ、発動の条件はＹＹＹ、発動によりＺＺＺします。これにより、万が一の場合も、被害を最小化できます。併せて、ご承認ください。」

攻めの法務

（14/15）

ルールメイキングは究極のリスク低減策

（1）ルールメイキングとは何か

近時**「ルールメイキング」**という言葉をよく耳にします。**「攻めの法務（4／15）」**でもご紹介した経済産業省「国際競争力強化に向けた日本企業の法務機能の在り方研究会報告書～令和時代に必要な法務機能・法務人材とは～」（２０１９年版報告書）が指摘した「価値の創造」に重点をおく法律家・法務部員像とも重なります。また、ルールメイキングは、リーガルリスクマネジメント（国際規格ＩＳＯ３１０２２）や、経済産業省の研究会により深化している「アジャイル・ガバナンス」における企業の能動的ルール形成とも底流を同じくしています。

では、ルールメイキング（ルール形成・法形成）はどのように定義できるでしょうか。

「法形成」とは「法を創り出し、変化させることに直接寄与する作用」であり、ルールメイキングは複数の研究領域（法学、政治学、経済学、社会学）にまたがります。法学では、例えば、平井宜雄教授の名著『法政策学［第２版］』（有斐閣、１９９５年）は先駆的研究です。また、政治学と隣接した公共政策学の研究において、ルールメイキングは「公共政策活動」と呼ばれ「社会が抱える様々な政策問題を解決するための、解決の方向性と具体的な手段」と定義されています。

(2) ルールメイキング＝リーガルリスクマネジメントのリスク対応

詳細は、**渡部友一郎「グレーゾーン・ドライブ：ルールメイキングに関する実務的考察」ビジネス法務2021年12月号**に譲りますが、私見を簡単に述べると、グレーゾーン・ドライブは、法解釈の揺らぎを前提として、法律の専門家が、法令違反のおそれのある事業モデルに関して、その存続を目的として、リーガルリスクを特定／分析／評価した上で、リーガルリスクの対応（Legal Risk Treatment）を講じる臨床法務の活動と言えます。

マンガのカーシェアサービスでは、昭和40年通達（注：フィクション）との関係が法令に抵触するかが問題となったように、グレーゾーンにおける事業の主要リスクは「リーガルリスク」（例：行政官庁のサービス中止の要請・行政処分等）です。そして、グレーゾーンに関するルールメイキングの目的は、法解釈の揺らぎというリーガルリスクの顕在可能性をできる限り長きにわたり低減し、最終的には**適法化（legalization）**によって、リーガルリスクを将来に向かって消滅させることにあると言えます。ＩＳＯ３１０２２の汎用的な４つのコアプロセスに照らすと、ルールメイキングは「リーガルリスクの対応」（リスクに対応するための選択肢を選定し、実施するプロセス、ＩＳＯ３１０００ 6.5.1 及びＩＳＯ３１０２２ 5.4 参照）の１つの構成要素と立論できます。

(3) ルールメイキングは最後の最後

筆者は、Airbnb において、旅館業法及び民泊新法（住宅宿泊事業法）のルールメイキングのみならず、通訳案内士法、2020年の規制改革推進会議が主導した「脱押印」における電子署名法のルールメイキング、近時は有識者として弁護士法におけるリーガルテックのルールメイキングに関して、ときに当事者または実務家研究者として日本でのルールメイキングを観察してきました。

近時、ルールメイキングという言葉の広がりとともに、何か不都合があれば「時代遅れのルール」という主張も耳にするようになりました。これは正しい主張なのでしょうか。

筆者は違和感を覚えます。攻めの法務におけるルールメイキングは「リーガルリスクの対応」に該当するため、**「リーガルリスクの特定／分析／評価」を抜きにしたルールメイキングがあるとすれば、順序を誤っている**と考えるからです（**「攻めの法務（12／15）」**のビギナーへの助言と重なります）。「ルールメイキング」という言葉が業界に溢れていますが、果たして、緻密な「リーガルリスクの特定／分析／評価」を行った上での「リスク対応」という順序が、法律家・法務部門の間で完全に共有されているのでしょうか。真の攻めの法務では、事業モデルに法的に不都合なことがあれば、すぐに「法が予定しない」「法のハック」「ルールメイキング」と耳に心地良いものに飛びつくのではなく、現行法の「リーガルリスクの特定／分析／評価」の地道な実践が大切です。そして、ルールメイキングするまでもなくリーガルリスクの対応（リスク低減策）によって残留リスクを取りうる形にまで下げうる可能性を見逃してはいけません。ルールメイキングの入門として、経済産業省「国際競争力強化に向けた日本企業の法務機能の在り方研究会報告書〜令和時代に必要な法務機能・法務人材とは〜」（２０１９年版報告書）の8頁などを参照してください。

NG

法務部「第二次世界大戦直後の１９４７年（70年前）に成立した古い法令があります。当社も他社もずっとこれを遵守していますし、この解釈は伝統的に通説です。」

GREAT

法務部「第二次世界大戦直後の１９４７年（70年前）に成立した古い法令について、立法事実（社会状況）や立法趣旨を丹念に私たちで調査しました。現在とは社会状況が大きく異なり、70年間一度も法令が大きく改正されていないので、ルールメイキングのチャンスがあるかもしれません。ルールがアップデート（規制緩和）されれば、このリーガルリスク自体が解消されることもありえます。」

NG

クライアント・事業部「法令のルールがそうなっているなら諦めます。」

GREAT

クライアント・事業部「このルールは、規制緩和を要望して、変えることはできませんか。ルールメイキングという手法を経済産業省のレポートで見ました。」

マンガ編

エピローグ

この物語はフィクションであり、
実在の法令・団体・人物とは一切関係ありません。

1年後
カリフォルニア
アメリカのロースクールに通うようになってもう半年ですよ
早いですね
ただ毎日課題が大変です
けどまさかニューヨークのある東海岸じゃなくてスタートアップが多い西海岸でスタンフォード大学のロースクールを選ぶなんて
Bye
Bye
自分でもびっくりです
ブロードウェイミュージカルは当分お預けですね
本当ですよぉ
加古川さんのせいですからね
へ？
なんでですか？

デンエイでリーガルリスクマネジメントを知っちゃったからですよ
ゴゴゴゴ
！
私 夢ができちゃったんです
夢ですか？
加古川さんとであってから
加古川優 37歳 独身です
案件を「葬る」だよ
！
リーガルリスクがあるからできませんと言っていれば仕事になると勘違いしてませんか？
NOをYESに変えることができることを知りました
本当にその判断が正しいのか話し合いしませんか？
だから—
私にはリスクを負う覚悟があります
その覚悟がないなら
覚悟のある私に任せてください
法務部もチームの一員です

日本企業のリスクテイクをもっと助けられるようになりたいんです…
STANFORD
STANFORD

いい夢じゃないですか
ええっ!!どうしてここに!!
まさか私を追いかけて…
ドキドキ
いやデンエイの事業拡大で現地調査
なにそれっ期待させないでくださいよ
期待?
何を期待したんですか?
会いに来たと思ったんですか?
僕に会いたかったんですか?
知りませんっ
リスクマネジメントしたいんで教えてください
誰がリスクですかっ!
そこの彼って話してた憧れの人?
Ohhhh!
ビシッ
そこっ守秘義務ぅう!!
そうなの?
違うっ!

攻めの法務

(15/15)

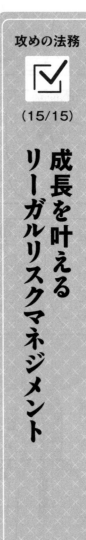

成長を叶えるリーガルリスクマネジメント

(1) 自分の苦難から皆様を手伝いたい想い

主人公かおりのリーガルリスクマネジメントを通じた成長を最後までお読みくださり、まず心から御礼申し上げます。原作のストーリーをわくわくと考える中で、常に本書を手にとってくださった皆様(あなた)のことを考えてばかりでした。

——攻めの法務を独学で身につけ成長したい方(昔の自分)に届けたい——

筆者は、艱難辛苦(今、考えると成長の苦難)の時期がありました。一生懸命に事業部の役に立つことだけを考えて仕事をしていましたが、平社員で今に至る経験もなく、気持ちばかりが先行して、評価されないことに焦りもありました。法律家・法務部門の最善のロールモデルを見つけることは、誰しも難しさを感じています。法律事務所・法務部門に「この人になりたい」というロールモデルがいる場合は幸運であり、若手・中堅の方々からは「心からこうなりたいという人は身近にいない」という声や、逆に、役職者からは「上に行くと、目指すべき人も少なくなる」という声もあります。

この原因には、法律家・法務部員の成長パラメーター（ステータス値）の上げ方が（ＲＰＧゲームのように）明瞭ではないことが挙げられます。また、ゲームであれば、出現する敵を倒していたら経験値が得られますが、法律家・法務部員の仕事は、経験値の高低、経験値で上がる能力（攻撃力なのか守備力なのか魔法力なのか）も不明瞭で、羅針盤を欠いた船のように、さまよっている感覚すら生じます。

この問題に対して、ある企業の法務部の講演会資料を作っている刹那、リーガルリスクマネジメントの**「リスクの特定／分析／評価／対応」及び「コミュニケーション及び協議」というプロセスは、法律家・法務部員個人の成長の物差しにもなる**とひらめいたのです。

(2) リスクの特定／分析／評価／対応を磨いていく

ここでは、個人が黙々とリーガルリスクマネジメントの枠組みを、ご自身の成長に役立てるための考えをまとめました。大きく、４つの方法を提唱します。

① ４つのプロセス（リスクの特定／分析／評価／対応）に意識を集中し「リーガルリスクマネジメント」する強い意識を持って、各段階で立ち止まり、分析的な検討・記述を行う。

② 5×5のリーガルリスクマトリクスを利用して「起こりやすさ」と「結果の大きさ」をまとめた上で、案件の分析結果を「振り返り用」として保存する。

③ 5×5のリーガルリスクマトリクスをクライアントや事業部に示しつつ、「リスク対応」（リスク低減策）に普段以上にたくさんの時間をかけてみる。

④ 5×5のリーガルリスクマトリクスに記した分析を上司／同僚に示しフィードバックを頂く（自分にないアイデアは次回以降利用できるように②と併せて保存する）。

その上で、**1か月ごと、3か月ごと、半年ごと、1年ごとと溜めた5×5のリーガルリスクマトリクスを見直し、黙々と学習します。**

例えば、筆者は「起こりやすさ」を厳しく見直します。相談当時「起こりやすさ3～4」（理由例：新聞報道が過熱しており当局が法執行する可能性が高い）としていたものが、事実、見直し時点で発生していない場合、この算定に自分の盲点（バイアス）や思い込みがあり、過大であった可能性があります。結果的に、当時の助言は、クライアント・事業部が「十分な情報に基づく意思決定」を行うにあたって、改善できる余地があったかもしれません。逆に、相談当時「起こりやすさ1～2（理由例：お客様が権利行使をすることは稀）」が予想に反して発生していた場合、なぜそのような盲点を持っていたのか、なぜ当該事案では発生したのかという因果関係を検証します。このように、地道にリーガルリスクマネジメントの4つのコアプロセスを振り返ることにより、法律家・法務部員なら誰でも、さらに卓越したリスクテイクを可能ならしめる助言を提供できるようになるでしょう。

（3）皆様がクライアント・事業部から一層信頼され、笑顔になるために

私の夢は、**日本の法律家・法務部員の皆様が、六法全書で条文を引くのと同じくらい当たり前に、臨床法務技術としてのリーガルリスクマネジメントを駆使して、クライアント・事業部の夢を多く叶える環境を整えることです。**他国に先駆けて日本で実現できれば、日本の法律家・法務部員が、世界に伍する専門家として今以上に輝けるはずです。このリーガルリスクマネジメントは、もちろんクライアント・事業部のためにありますが、その根底に、私はプロフェッショナルとしての「皆様」の夢を叶えたいという強い思いがあります。本書が、「あなた」の成長を叶え、笑顔の一助となりますように……！

NG

「法律家・法務部員の仕事は作業だ。喜びも乏しい。」

GREAT

「法律家・法務部員の仕事は、クライアント・事業部の挑戦（リスクテイク）を助ける仕事だ。同時に、リーガルリスクマネジメントを利用すれば、黙々と個人の成長を積み重ねていける。今の環境が求めていなくても、私は私を変えられる。」

講義編

攻めの法務 実践の教科書

≪講義編の使い方≫

講義録を基としているため、口語表現も用いられています。また、マンガ編と一部重複しているトピックもありますが、重要なテーマであるため意図して残してあります。講義音源を聴くようにお楽しみください。

攻めの法務

実践の教科書

（1/3）

基礎

究極の鍛錬を始めよう

ここまで、読者の皆様には、マンガという表現手段を通じて、感情を伴う体験を共有させていただきました。筆者はマンガに1つの強い願いを持っていました。それは、リーガルリスクマネジメントの枠組みによって、事業の成長のみならず驚きや感動などの温かい感情をも生み出せることを生き生きとした登場人物により描き出したいという願いです。星井先生と共創したドキドキするストーリー、大舞先生のハイクオリティな作画を通じて、皆様に、「主人公のように、自分自身を、法務のチームを、会社を、日本を、変えていけるかもしれない」という高揚感を覚えていただけたなら望外の幸いです。

本来、皆様一人一人と顔をあわせて、いまのご環境や悩みを直接伺いつつ、攻めの法務（リーガルリスクマネジメント）を深める鍛錬手法を、対面で共有したいと思っています。そこで、本書の後半では、皆様一人一人に直接お話しするつもりで、基礎・民事・行政の3つのチャプターを利用して、攻めの法務を深める「究極の鍛錬」の第一歩を教科書としてお示ししたいと思います。

『究極の鍛錬――天才はこうして作られる』（サンマーク出版、2010年）の著者ジョフ・コルヴァンは、スポーツや芸術を極めたプロフェッショナルの、日々の鍛錬について研究しました。**コルヴァンは、究極の鍛錬の要素として「実績向上のため特別に考案されている」ことを挙げています。**ここからは、攻めの法務を実践するための方法について解説し、**2つの重要な演習問題**を提示します。

この講義は、「全3回 ゼミ形式で学ぶ、事業を前に進める法務のあり方」という弁護士ドットコム社（BUSINESS LAWYERS）が主催したオンライン講義に基づいています。私がゼロから乾坤一擲で取り組んだ講義であり、3回の講義の延べ参加者は102名、**受講後のアンケート回答者57名のうち56名が「参考になった」と回答し、「伝説の講義」との褒め言葉も頂きました。**

この**3つのチャプター**が、皆様のさらなるフルポテンシャルを開花させるお役に立つことを謙虚な気持ちで願っています。では講義の始まりです。

リスクの「特定／分析／評価／対応」

はじめに、**「攻めの法務（12／15）」**でも述べたとおり、リーガルリスクマネジメントで一番重要なプロセスは、リスクの「特定／分析／評価／対応」という4つのフェーズからなります。これはＩＳＯ３１０２２で示されているプロセスで、図に置き換えると下図のようになります。「コミュニケーション&協議」が４つのフェーズをとおしてあります。

外部の法律事務所であれば、これをクライアントと一緒に行うことによって、法律の解釈だけではなくリスクの対応までアドバイスができるようになります。

リスク特定／分析／評価／対応のプロセス

コミュニケーション&協議

特定	●リスクを発見し、認識し、記述するプロセス。 ●ISOの附属書A、附属書B、附属書Eが参考になる。
分析	●リスクの性質及び特徴（特質）を理解し、リスクレベル（リスクの大きさ）を決定するプロセス。 ●「リスクの起こりやすさ」と「結果の大きさ」が分析の中心となる。
評価	●リスク及びリスクの大きさが、受容・許容可能かどうかを決定するために、リスク分析の結果をリスク基準（目安とする条件）と比較するプロセス。 ●決定を裏付けるものであり、どの部分に追加の措置を講じるかを決定するために役立つ。
対応	●リスクに対応するための選択肢を選定し、実施するプロセス。 リスク対応の選択肢の例として、①活動を開始・継続しない決定をする、②機会を追求するためにリスクを取る又は増加させる、③リスク源を除去する、④起こりやすさや結果を変える、⑤リスクの保有……などがある。

（1）特定

ここからは、法務部門の誰もが経験したことがある秘密保持契約（ＮＤＡ）の例を用いながら順番に説明します。

まず、フェーズ１「特定」について、ＩＳＯ３１０２２では「リスクを発見し、認識し、記述するプロセス」とされています。

例えば、秘密情報の定義の中に「書面に限る」と入っていたとします。しかしＩＴ企業、最近のオンライン会議でも、紙を物理的に手渡すことはほとんどありません。ほとんどのコミュニケーションが、対面の会話またはチャットなどで行われます。

そこで、以下のようにリスクを確定するプロセスが「特定」です。

> IT企業である当社の場合、「書面に限る」という秘密情報の定義だと、紙を渡すこと自体がないので、ほとんどの情報が抜け落ちてしまうのではないか。定義として不十分だ。最終的には、損害賠償請求や差止めの範囲に関わってくる。

（2）分析

次にフェーズ２「分析」について、ＩＳＯ３１０２２では、リスクの性質及び特徴を理解して、リスクのレベル、リスクの大きさを決定するプロセスと定義されています。

ここでは「リスクの起こりやすさ」と「結果の大きさ」を中心として分析を行います。「5×5のリーガルリスクマトリクス」を用いたリスク分析については後述するので、今は「リスクを特定した後は分析を行う」という点だけ押さえておいてください。

(3) 評価

続いて、フェーズ3「評価」について、ISO31022では、リスク及びリスクの大きさが、ある会社・クライアントにとって受容可能か、または許容可能かを決定するために、リスク分析の結果をリスク基準と比較するプロセスと定義されています。

口頭やチャットの情報は含まれないというリスクはわかりました。また、それによって、差止請求権、損害賠償請求権の範囲が狭まるかもしれないという民事上のリスクもわかりました。

では、仮にそのリスクが中程度であると分析したときに、許容できるか否かの判断をどのようにするのでしょうか。何を基準に判断するべきでしょうか。

ここを判断するのが、法務や外部弁護士の仕事の1つですが、これに対する答え自体がISO31022に書かれているわけではありません。

リスクテイクについて「何百万円から何百万円までのリスクなら取れる」と細かく定めている会社は、おそらくないでしょう。もちろん、ある程度の金額感はあるにしても、事業内容によって、リスクを許容する基準は異なります。例えば1000億円のリスクがあっても、社運をかけて一か八かでリスクを取りにいくような事業なのか、それとも、新規事業ではあるが規制業種なので、できればミスはしたくない、満点でいきたい事業なのかにより異なります。

皆様は普段、クライアントと「事業部としてはどのくらいの利益を狙っているのですか？」「今期の営業の目標はどの程度ですか？」「これはパイロットプログラムの一部ですか？　それとも本番としてのリリースですか？」といった会話をしていると思います。このような会話や協議を通じて、**プロジェクトや案件によって取れるリスクと取れないリスクが、都度決められていきます。**

つまり「評価」は、特定・分析したリスクを、会社・クライアントが取れるリスクと照らし合わせて判断するプロセスです。

（4）対応

フェーズ1から3のリスクを特定・分析して評価するプロセスは、伝統的な弁護士業務や法務業務の中でも特に中心的なものだったと思います。法律意見書の作成がその典型です。

ところが、私が所属している Airbnb のように、書籍に答えを探しても見つからないというような事業をやっている会社では、**リーガルリスクマネジメントの全体にかける時間を10とすると、そのうちの4から5を、リスクの対応に割く必要があります。**

「できない（NO）」ではなくて「どうやったらできるのか（YES）」について助言をすること、

例えば、リスクの低減策Ａ、Ｂ、Ｃを使えばそのリスクは取れるなどの「対応」を考えることが、法務が一番バリューを発揮すべきところであり、事業部から期待されているところです。

ここで、ＩＳＯ３１０２２の中で「リスク対応」についてどう定義されているのかについて確認しておきたいと思います。ＩＳＯ３１０２２では、リスクに対応するための選択肢を選定して、実施するプロセスとされています。主な選択肢を以下に５つ挙げます。

①リスク対応の選択肢の選定	=	①活動を開始・継続しない決定をする
②リスク対応の計画及び実施	=	②機会を追求するためにリスクを取るまたは増加させる
③対応の有効性の評価	=	③リスク源を除去する
④残留リスクが許容可能かの判断	=	④起こりやすさや結果を変える、リスクを共有する
⑤許容できない場合、さらなる対応の実施	=	⑤リスクの保有

①活動を開始・継続しない決定をする

まず「①活動を開始・継続しない決定をする」、つまり事業部に対して「やめてください」とお願いすることです。リスク対応がうまくできないビギナーは、往々にして、事業部に対して「リーガルリスクがあるのでやめてください。」との助言をしがちです。

事業部がフラストレーションを溜めて「法務の◯◯さんとやりとりをしているのですが、思うように進みません。」と苦言を呈している場合、リスク対応の選択肢として①のみを提案しているということがよくあります。

②機会を追求するためにリスクを取るまたは増加させる

珍しい選択肢としては「②機会を追求するためにリスクを取るまたは増加させる」があります。この選択肢について理解するには、リスクに関する説明が必要です。ＩＳＯ３１０００、ＩＳＯ３１０２２の中で、リスクは「好ましい影響」と「好ましくない影響」の両方を含むと定義されています。好ましい影響が期待されるものについては、「オポチュニティ」と呼ばれることもあります。ＩＳＯの定義上は、「リスク」には上振れと下振れの両方が含まれることをご理解いただけると、②の選択肢の意味をわかっていただけるかと思います。例えば、事業部が既に廃止された政令のルールを遵守していたら、「好ましい影響をもたらすリスク」を取ることが考えられます。

③リスク源を除去する

典型的な選択肢として「③リスク源を除去する」ことが挙げられます。先ほどの秘密保持契約の例で言うと、「書面に限る」という定義にするのであれば、秘密情報の提供は常に書面で行うよう、事業部に徹底すれば特に問題はないわけです。逆に、契約書自体に「口頭の情報も含む」とする修正を行えば、リスク源自体を除去できます。

④起こりやすさや結果を変える、リスクを共有する

その他には「④起こりやすさや結果を変える、リスクを共有する」という選択肢もあります。秘密保持契約の例で言うと、どのような情報を相手に出すのか事業部とあらかじめ相談し、重要な情報を出さないことが可能であれば、起こりやすさ自体が減っていきます。何かしらの情報が相手に渡っても、大きな秘密情報が渡らないのであれば、リスクの起こりやすさや結果を変えることができるかもしれません。さらに、事業保険に入ることで「リスクを共有」できることもあるでしょう。

⑤リスクの保有

これは特に低減策を講じることなくそのままリスクを受け入れて保有する選択肢です。秘密保持契約の例でいうと、事業部門によれば秘密情報は何ら開示しないという場合（双方型を想定した契約文言であるが、情報の流れは相手方から当社に限られる場合）には、特段修正することなくそのままの文言で受け入れることもありうるでしょう。

(5) コミュニケーション&協議

①チーム内でのコミュニケーション&協議

我々は、誰しも人間なので、生来的にさまざまな**認知のバイアス**を持っています。あなたも持っていれば、相手方法務も持っている、そして私も間違いなく何らかの認知バイアスを抱えています。

認知バイアスの例としては、**確証バイアス**、**アンカリング**、**損失回避**などがあります。

攻めの法務では、このバイアスに気づくか否かが鍵となり、リーガルリスクマネジメントはバイアスの低減にも役立ちます。後述する5×5のリーガルリスクマトリクスを使ってリスクを可視化し、上司や外部弁護士とコミュニケーションや協議を重ねることによって、他者の合理的思考を借り、これらのバイアス（直感の欠陥）に気づき、判断を改めることができます（「デバイアス」と言います）。

（1）認知バイアス

- 確証バイアス：自分の先入観と矛盾する証拠を意識せずに排除
- アンカリング：1つの情報を重視
- 損失回避：現状維持・慎重に傾く

「我々は誤りを犯しているのに気づかない」

（2）解決方法

- 「合理的思考によって他人の直感の欠陥を指摘し、その判断を改めることができる」
- 「さまざまな意見やスキルをプロセスに取り入れること」

Daniel Kahneman, Dan Lovallo, and Olivier Sibony, "The Big Idea: Before You Make That Big Decision…" Harvard Business Review, June 2011.

「確証バイアス」とは、自分の先入観と矛盾する証拠を意識せずに排除することです。例として、最初の段階で、かなりリスクが高い案件だと感じた場合、後になって事業部から「他社もやっている取引手法です」など、リスクを低減するような証拠や主張が出てきても、無意識のうちにそれを排除してしまうことが挙げられます。

さらに、1つの情報を重視する**「アンカリング」**。初期に聞いた外部弁護士の意見に引きずられるように、最初に聞いた情報を過度に重視してしまうことがあるかもしれません。

それから、**「損失回避」**も認知バイアスの1つです。現状維持や慎重な判断に傾いてしまうのは、決して法務だけではありません。我々すべての人間が気づきにくい、または気づかないバイアスであると言われています。

フェーズごとのコミュニケーション&協議の例

コミュニケーション&協議	
特定	●本件では○○法第○条に抵触する法的リスクが特定できます。
分析	●この法的リスクを「起こりやすさ」と「結果の大きさ」の2つの横軸縦軸でリスク分析すると、XXXという高い発生の蓋然性と、YYYたとえば刑事罰というリスクがあります。
評価	●法的リスク評価を行うと、既存のリスク管理策ではXXXの点で十分ではなく、法務としてはこのままの状態では法的リスクは取れないと助言します。
対応	●リスク対応として、ZZZおよびAAAを同時に講じられれば残留リスクは許容できるレベルにまで低減できる可能性があります。ZZZとAAAのほかに取りうるリスク対応策の選択肢がないか、この後お電話で相談できないでしょうか。法務も解決策を一緒に見つけたいです。

②ステークホルダーとのコミュニケーション&協議

そして、リスクの特定から評価までが終わったときではなく、**それぞれのフェーズにおいて、さまざまなステークホルダーとの間で、コミュニケーションと協議を実施します。** 5×5のリーガルリスクマトリクスを使ってリスクを可視化しながら協議を行うとよいでしょう。

法務部であれば外部弁護士と、外部弁護士であれば依頼者とコミュニケーションを重ねることによって、リーガルリスクマネジメントのプロセスを回していきます。

「攻めの法務（2／15）」でも述べたとおり、リーガルリスクマネジメントにおいて「○○法に抵触します（完）」とだけ伝えることは、有益どころか有害ですらあります。重要なことは、リーガルリスクマネジメントとは、法務のマニュアルやガイドラインに従ったアドバイスをすることではなく、十分な情報に基づく意思決定（informed decision）までを含めてサポートすることです。ここからは具体的なプロセスに落とし込んでいきましょう。

5×5のリーガルリスクマトリクス

（1）リスクは「起こりやすさ」×「結果の大きさ」で判断

リスクの「特定／分析／評価／対応」はＩＳＯ31022で示されているプロセスですが、ＩＳ

Ｏ３１０２２は抽象的で使い勝手が良いとはいえず、そのまま業務に取り入れるのは困難です。

そこで、**5×5のリーガルリスクマトリクス**を使うことにより、ＩＳＯ３１０２２のエッセンスを、再現性のある方法で業務に取り込むことができます。こちらを使えば自分の日々の業務に役立つだけではなく、部下やチームの成長を助けることができます。

「攻めの法務（7／15）」でも述べたとおり、「５×５のリーガルリスクマトリクス」の横軸（Ｘ軸）は「Risk Likelihood＝リスクの起こりやすさ」を、縦軸（Ｙ軸）は「Risk Impact＝リスクが現実化したときの影響の大きさ（結果の大きさ）」を、それぞれ1から5の数字で示しています。各マスの数字は、縦と横の数字を掛け合わせた数字になっています。この表を駆使することによって、リーガルリスクの特定／分析／評価、そして対応が可視化できるのです。

演習ではこの表を使って課題に取り組んでいただきますが、特定したリスクに対してどのように数字をつければいいのか、迷われるかもしれません。

5×5 のリーガルリスクマトリクス

Risk Impact					
	5	10	15	20	25 (High risk)
	4	8	12	16	20
	3	6	9	12	15
	2	4	6	8	10
	1 (Low risk)	2	3	4	5
	Risk Likelihood				

そこで、「リスクの起こりやすさ」と「結果の大きさ」を判断する、指標について解説します。

（2）リスクの起こりやすさの判断

ＩＳＯ３１０２２の中で示されている、リスクの起こりやすさの考え方に関するパラメーターについて紹介します。

パラメーター
1．リスク及びガバナンスに係る方針（policies）の有効性など―社内のリスク管理策のための方針・手順
2．従業員の影響に対する訓練（training）を通じた認識
3．【契約上のリーガルリスクの場合】取引先リスク：不履行の発生可能性
4．法律の執行可能性
5．事業活動の頻度
ISO 31022 Annex C: An example for estimating the likelihood of events related to legal risk

まず、1．から3．について説明します。例を挙げると、１００年にわたる付き合いがある業務委託先なのか、それとも、新規に営業をかけてきて、飛び込みで入ってきた会社に最初の案件をお願いするのかによって、債務不履行の発生の可能性は変わってくるはずです。

その他には、業法違反等が問題になる場合は**「4．法律の執行可能性」**という要素が関係してきます。例えば、会社の本店等を移転した場合には、もちろん変更の登記が必要ですが、期限を1日経過しただけで過料があるかというと、実はそうでもないと思われます。法律の執行の「のりしろ」によって、事象の起こりやすさが変わってくると一般的に言われています。

それから**「5．事業活動の頻度」**です。10年に1回行うイベント的な事業なのか。それとも、毎日3000件のトランザクションがあるものなのか。これによって、リスクの起こりやすさは全く変わってきます。

(3) 結果の大きさの判断

結果の大きさについては、仮に外部に漏れたとしても会社が倒産するようなリスクではないのか、それとも、M&Aの情報のように、外部に漏れることによって取引自体が破談してしまうような極めて影響の大きいリスクなのかといった、場合による違いを検討します。

プロセスの整備

ここからは、個人のレベルから、皆様が所属し寄与する**「法務部門」**や**「チーム」**に、どのように**「攻めの法務――リーガルリスクマネジメント」を実装するか**について、プロセスの整備のアイデアを順番に共有します。

（1）振り返り

「リスクの特定／分析／評価／対応」を行うために、経営者・管理職・チームの視点からの振り返りを行うことが必要です。

我々の普段のアドバイスが、リーガルリスクマネジメントに沿って、リスクの対応についてまで、しっかりクライアントのニーズを捉えて回答していたか、事業価値を創出できていたかをチェックします。

（2）仕組みづくり

振り返りを行い、チームの「リスクの特定／分析／評価／対応」のプロセスに抜けや漏れが見つかったら、経営者・管理職・チームの視点からの仕組みづくりを行います。

経験が浅く法知識が足りないためにリスクの特定がそもそも落ちているという方もいらっしゃるかもしれません。ベテランに近い方で、リスクの特定／分析／評価はほぼ完璧であるものの、リスクの対応まで想像が至らず、事業部から「〇〇さんは判例や法律についてすごく長いメールを送ってきてくれるのですが、リスクの対応について頑なで困っています。」というフィードバックを受けている方もいらっしゃるかもしれません。

先述したように、人にはそれぞれ**認知のバイアス**があります。チーム内で「特定／分析／評価／対応」の案を持ち寄り、プロセスを回す仕組みづくりを行うことにより、他者の合理的思考を借り、直感の欠陥に気づき、判断を改めることができます。

(3) 外部法律事務所との協働

5×5のリーガルリスクマトリクスの活用は、**外部法律事務所にリサーチを依頼する場面でも効果的**です。

例えば、ある法的リスクについて、アジア全体を対象としてリサーチするために、複数の法域の法律事務所に同じ質問を送って、法的助言を得ようとする場面を想定します。このような場合、海外のカウンセルから長文かつ結論がよくわからないメモが返ってくることがあります。

そこで、5×5のリーガルリスクマトリクスを使って回答するようお願いすると、メールの文面だけでは認識できなかったリスクが見えたり、スコア化によって各法域のリスクの軽重が可視化されたりします。例えば、出揃った各国のスコアを比較して、ベトナムについては追加リサーチを要する、といったことを判別することができます。

リーガルリスクマトリクスを使えば、依頼方法を精緻化することが可能になります。限られた予算・時間の中で行わなければならないリサーチにおいては、特に有益な方法だと思います。

（4）プレイヤーとしての視点

4つ目は、**「攻めの法務（15／15）」**でも述べたとおり、リーガルリスクマネジメントの4つのプロセスを、**プレイヤーとして、普段の業務の中で意識的に実践していくこと**です。

プレイヤーとしての業務の中でも、リーガルリスクマトリクスの活用には様々なベネフィットがあります。常に自分の判断をチューニングしていく意味でも、リーガルリスクマトリクスは極めて活用しやすいツールです。

その他、上司に対してリーガルリスクマトリクスを示すことによって、簡潔にフィードバックを得られるというメリットもあります。

今日から使えるリスクの「特定／分析／評価／対応」フォーマット

民事・行政の演習問題では、こちらの**回答フォーマット**を使って取り組んでください。

上部にリーガルリスクマトリクスを、下部にリーガルリスクの特定／分析／評価／対応のフェーズを置いています。

繰り返しになりますが、**5×5のリーガルリスクマトリクス**は分析のプロセスで使うツールです。横軸（X軸）がリスクの起こりやすさ1から5、縦軸（Y軸）が結果の大きさ1から5を示しています。そして、2つを掛け合わせてリスクスコアの見積もりをします。リスクの起こりやすさ1×結果の大きさ1であれば左下の色の薄い部分、リスクの起こりやすさ5×結果の大きさ5であれば一番右上の色の濃い部分がリスクスコアとなります。その後、リスクが高いので取るべきではないのか、会社としてはリスクが低いので取れるのかといったリスクの評価を行います。そして一番下が、リーガルリスクへの対応です。**「攻めの法務（8／15）」**で既に学んだとおり、一番大事なのがこのプロセスです。

「攻めの法務　実践の教科書（1／3）基礎」で学んだことを思い出しながら、演習問題に取り組んでみてください。究極の鍛錬として、皆様の攻めの法務の力を伸ばす題材になっているので、ぜひチームでの勉強素材としてもご活用いただきたいです。

今日から使える回答フォーマット

Risk Impact					
	5	10	15	20	25 (High risk)
	4	8	12	16	20
	3	6	9	12	15
	2	4	6	8	10
	1 (Low risk)	2	3	4	5
	Risk Likelihood				

コミュニケーション&協議

特定

分析

- 結果の大きさ：　[1～5]
- リスクの起こりやすさ：　[1～5]
- リスクスコアの見積もり合計：　[1～25]

評価

対応

攻めの法務

実践の教科書

(2/3)

民事

≪使い方≫

紙・ペン・時計・回答フォーマット（211頁）を用意してください。15～30分の時間を確保して問題に回答してください。その後、講義録を読み進めてください。

演習問題

問題

あなたは、2020年6月に設立されたスタートアップ「株式会社デジタルサイン代行」（以下「DSD社」といいます。社員5名、2020年6月からの調達額は1.8億円）のパートタイム法務部員（例：兼業、外部弁護士）です。同社は月1000万円ほどの赤字フェーズです。

DSD社は、新型コロナウイルス感染症の拡大により、電子署名の活用が急増した環境を見て、電子署名サービスの代行をユーザーに提供しています。DSD社は、電子署名サービスに興味があるが、利用方法がよくわかっていない企業をターゲットにしています。「電子署名サービスの代行はおまかせ！　書面の電子化を助けます」をキャッチコピーに、契約書1通あたり250円の事務手数料をユーザーに課金しています。

具体的には、

・DSD社は、ユーザーから契約書のPDFやWordファイルをメールで受け取ると、国内中堅X社の提供する電子署名サービス「スグサイン！」(マーケットシェアは5～7%程度と大手ではない) にログイン・利用して、電子署名の依頼をユーザー及び契約相手方に送るといった電子署名プロセスを代行します。

・紙の契約書でたとえると、電子ファイルをもらい、印刷・製本・郵送・捺印依頼を代行する総務代行・秘書代行のような事業です。

・DSD社とユーザーとの間では、どの電子署名サービスを利用するかはDSD社の裁量により決定されると利用規約で定められており、DSD社の裁量により使用するサービスが変更された場合であっても、DSD社は、故意または重過失がない限り、損害が免責されると定められています。

2021年4月、(3か月後にベンチャーキャピタルからの資金調達を控える) DSD社は、電子署名の1通あたりのコストを削減するために、X社との間で、業務提携契約を締結しようとしています。具体的には、X社は、1年間にわたり、通常1通あたり100円かかるコストを、DSD社について、25円にディスカウントして提供することを約する内容です。契約の自動更新条項はありません。

X社の法務部がドラフトした契約書には、概要、DSD社が、契約締結日から1年間、国内最大手弁護士ドットコム社のクラウドサイン®やX社以外の電子署名サービスを代行業務の内容として提供することを禁じる内容（以下「本件制限条項」といいます）が含まれていました。当該契約条項に違反して、他社電子署名サービスを代行業務の内容として提供した場合には、X社が書面による催告をした日から2週間の是正期間内に治癒されないとき、X社が契約解除の意思表示を通知することにより契約を解除できること、及び、別途違約金が発生すること（契約期間中に電子署名した回数×200円）が定められています。現在のところ、DSD社は1か月あたり7500回の電子署名代行業務を行っており、業務提携と同時に、1000万円程度のウェブ広告を投下して、サービスの急拡大を図ろうと考えています。

DSD社CEOの松木氏は、あなたに対して、本件制限条項を含むこの契約にサインすることについてのリーガルリスクに関するアドバイスを求めています。松木氏の狙いは、ベンチャーキャピタルに対して、当該契約締結をアピールすることでDSD社が次の成長フェーズに入ったことを印象づけ、より大規模な出資を引き出したいと考えています。DSD社の創業者の1人（財務担当）によれば、X社の業務提携契約が成功すれば、3か月後の調達は2億円規模から2.5億～3億円規模にまで伸ばせる見込みがあるそうです。

このリーガルリスクをどうマネジメントしていけばよいでしょうか。

※ここから先は、回答後に読み進めてください※

今日から使える回答フォーマット

Risk Impact					
	5	10	15	20	25 (High risk)
	4	8	12	16	20
	3	6	9	12	15
	2	4	6	8	10
	1 (Low risk)	2	3	4	5
	Risk Likelihood				

コミュニケーション&協議		
	特定	
	分析	●結果の大きさ：　[1～5] ●リスクの起こりやすさ：　[1～5] ●リスクスコアの見積もり合計：　[1～25]
	評価	
	対応	

主な登場人物は2社と2人です。

まず、我々は株式会社デジタルサイン代行（以下「DSD社」といいます）の法務とお考えください。この会社は約1年前に松木氏が設立したスタートアップで、設立以来、電子署名代行サービス事業を続けています。

このサービスは、電子署名を使いたいが使い方がよくわからないというユーザーから契約書のPDFやWordファイルを受け取り、契約相手との電子署名を代行するサービスです。1契約書あたり250円の代行手数料を取り、月7500件をこなしていると仮定しています。

社員はまだ5名。調達は1.8億円ですが利益は出てきていないので、毎月1000万円を流出している状況です。設立から1年経って預金も減ってきて残りは7000万円から8000万円。下手するともっと少ないかもしれません。

そこで松木氏は数か月先に資金調達を予定しており、2億円くらい調達できる見込みです。現在交渉中のX社との業務提携が成立すれば、さらに5000万円から1億円が加算され2.5億円から3億円が調達できるかもしれない。X社との業務提携契約を前に、法務担当である皆様も胸が高鳴っているところです。

X社は、電子署名サービスの中堅どころとして「スグサイン！」というサービスを提供していて、以前からDSD社と取引があります。マーケットシェアはそれほど大きくありません。

「スグサイン！」では、電子署名1通あたり100円の手数料を取っています。実際の電子署名サービスはサブスクのモデルが多いので、1通あたりでカウントしているわけではないところも多いと思います。これは、あくまで設問としてご理解いただければと思います。

今回の業務提携が成立すれば、X社は1通100円の手数料を25円にディスカウントすることになっています。契約期間は1年で、自動更新はありません。

業務提携が成立すれば、DSD社は、資金調達も見越して1000万円分の大規模なウェブ広告を実施しようとしています。

CEOの松木氏から社長室に呼ばれ、「○○さん、今度X社との間で業務提携をするにあたり、向こうから契約書のドラフトが送られてきたので見てくだ

演習問題　民事編

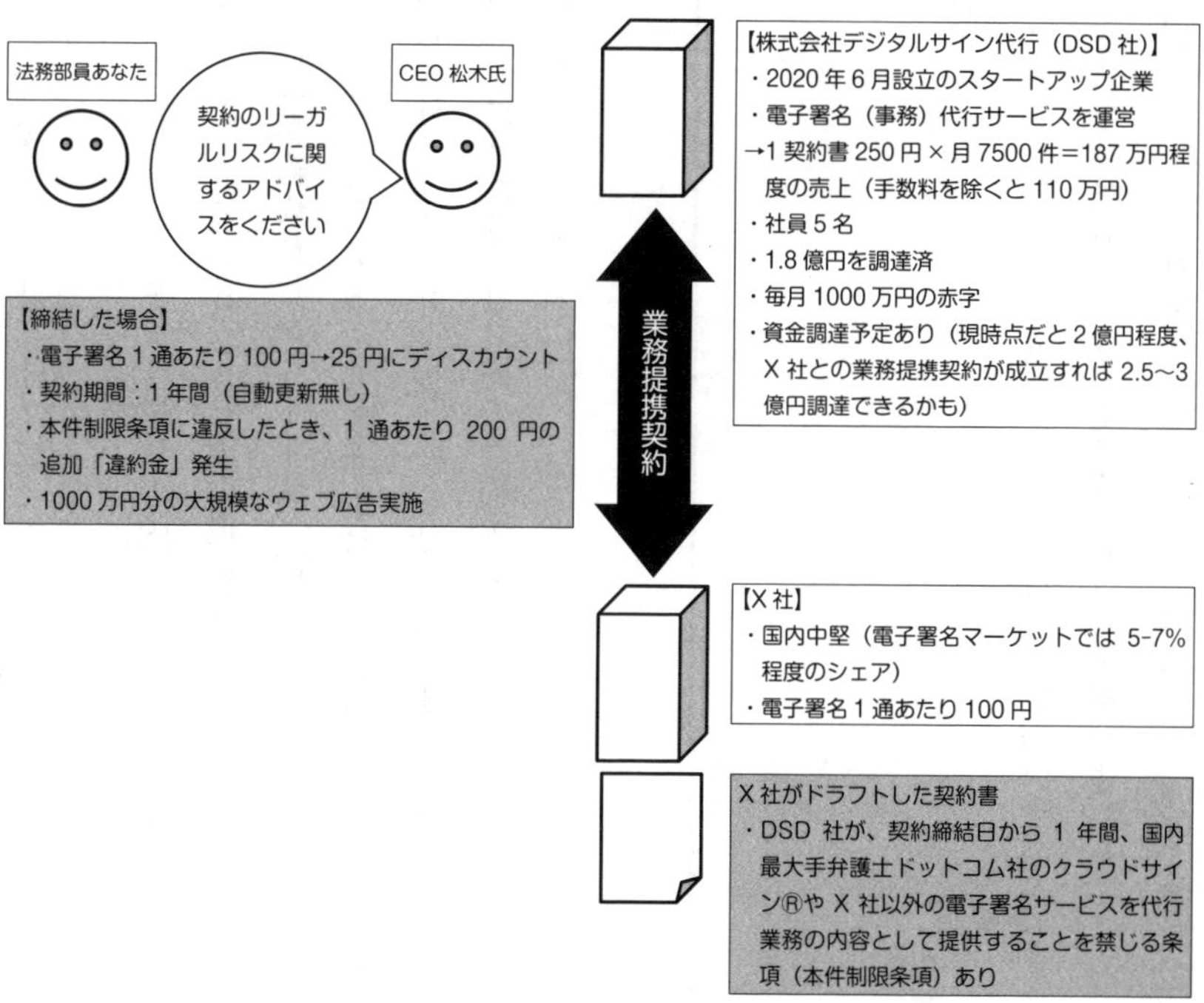

法務部員あなた
契約のリーガルリスクに関するアドバイスをください
CEO 松木氏
【締結した場合】
・電子署名1通あたり100円→25円にディスカウント
・契約期間：1年間（自動更新無し）
・本件制限条項に違反したとき、1通あたり200円の追加「違約金」発生
・1000万円分の大規模なウェブ広告実施
【株式会社デジタルサイン代行（DSD社）】
・2020年6月設立のスタートアップ企業
・電子署名（事務）代行サービスを運営
→1契約書250円×月7500件=187万円程度の売上（手数料を除くと110万円）
・社員5名
・1.8億円を調達済
・毎月1000万円の赤字
・資金調達予定あり（現時点だと2億円程度、X社との業務提携契約が成立すれば2.5～3億円調達できるかも）
業務提携契約
【X社】
・国内中堅（電子署名マーケットでは5-7%程度のシェア）
・電子署名1通あたり100円
X社がドラフトした契約書
・DSD社が、契約締結日から1年間、国内最大手弁護士ドットコム社のクラウドサイン®やX社以外の電子署名サービスを代行業務の内容として提供することを禁じる条項（本件制限条項）あり

さい。」と依頼されました。そこでレビューを進めていくと、見たことのない制限条項が入っています。

「契約締結すれば、1年間X社以外の電子署名サービスを代行業務の内容として提供することを禁止する。もし違反した場合は、違反した契約書1通あたり200円の違約金が生じる。」

すなわち、この業務提携契約は、DSD社は契約締結日から1年間、国内最大手である弁護士ドットコム社の「クラウドサイン®」などの、X社以外の電子署名サービスを代行してはいけませんという内容になっています。つまり、専らX社の「スグサイン！」を使って電子署名代行をしてくださいというものです。違反した場合は、1通あたり200円の違約金が発生します。

このリーガルリスクをどうマネジメントしていけばよいでしょうか。

出題の趣旨

(1) リスクの可視化

今回の**出題趣旨**として、リーガルリスクマトリクスを使う感覚と自分の盲点に気づいていただくために、意図的に、行政法上のリスク等が生じない**民事上のリーガルリスクに限定**しました。

民事上のリスクは、究極的には金銭的な損害に限定されます。ですので、リスクの特定を徹底的に行い、**基礎的な手順どおりにリスクを分析・評価し、リアリティのあるリスク対応ができているかを試すことができます。**

また、ビジネスの**「Grow or Die」**という視点から、好ましい影響も念頭に置いて、多面的・創造的にリスクの低減策を出せるか、皆様に考えていただきたいという意図もありました。

さらに、法律の専門家の中でもリスク評価が分かれることを理解していただき、「リーガルリスクマトリクスを利用すれば、評価が分かれた理由について視覚的な議論が可能であること」を感じていただけたらと思います（マンガ編でデンエイ法務部の各担当者の評価が分かれた場面です）。

我々法務や弁護士の仕事でありがちなのですが、特に最近はface to faceで話せないことも多いので、何が論点なのかわからないままにリスクがある、ないと議論して、ひたすらEメールが行ったり来たりします。こういう状況は皆様もよく経験されると思います。特に法律事務所とクライアント間では多いかもしれません。

そこで、5×5のリーガルリスクマトリクスを使って可視化し、リスクスコアが20なのか6なのかと議論できれば、生産的なコミュニケーションや協議が可能になります。

「リスクがあります（完）」だけで終わらせず、そこにリスク低減策を当てはめていくにはどうすればいいのか。ここが、**「攻めの法務　実践の教科書（2／3）民事」**での出題ポイントです。

(2) 認知バイアスの発見

もう1つの出題の趣旨として、**「攻めの法務　実践の教科書（1／3）基礎」**でお話しした**認知バイアス**について、実践を通じて理解してもらうという目的もあります。

改めて設問を見てみましょう。取引先を特定の1社に絞るという判断を下すことは、すごく怖いはずです。現状であればどこでも選べるのに、1社しか選べなくなるというのは大きな変更です。慎重に検討して、他社と取引できる可能性を残した方がよいのではないかと考えたくなる人は多いでしょう。これは**損失回避**という、我々が持っている認知バイアスの1つです。

別の認知バイアスとして、**アンカリング**もあります。取引先が1社に絞られるという情報だけを聞くと、すごく大きなリスクであるように感じられます。

それから**確証バイアス**。1社に絞られるのはリスクであるという先入観を持ち、それと矛盾する要素があるかもしれないのに、無意識に排除していないでしょうか。条件を細かく見ていくと、実はそれほど大きなリスクでもないんじゃないかな、と思えることもあるでしょう。

見たことのない契約条項は誰でも怖いものです。だからこそ、未経験の案件に取り組むときには、「リスクが高いから行うべきではない」という確証バイアスを持って臨んでいるのではないかと、自らを省みる視点を思い出してください。

認知バイアスを乗り越えるための「解決方法」は、**「攻めの法務　実践の教科書（1／3）基礎」**で述べたとおりです。**5×5のリーガルリスクマトリクス**を使うことによってリスクを可視化し、他人の意見や合理的思考を取り入れ、自分の盲点を修正していくことができます。

受講者回答

ここでは、「リーガルリスクマネジメントの基礎と実践　事業を前に進める法務のあり方を学ぶゼミ」で実際に受講者から出た回答を参照しながら、リーガルリスクマネジメントの流れを追っていきます。**重要な学びは、リーガルリスクの捉え方が人によって異なっていること、だからこそ、リーガルリスクマネジメントという客観的・統一的な枠組みをチーム内で用いることが重要になることです。**多様な意見を同じ枠組みを用いて交換し、高品質な法務からの情報提供により、もって、十分な情報に基づく意思決定（informed decision）を実現することができます。

（1）特定／分析／評価／対応の回答

①回答1：リーガルリスクを「本件制限条項」と特定した例（かなごんさん）

かなごんさんは、リーガルリスクの特定として本件制限条項を指摘し、契約の相手先から「スグサイン！」の利用を断られる場合があるのではないかというリスクを特定しました。

そして、リスク分析としては、**結果の大きさを4、リスクの起こりやすさを5**としました。「いや、うちは弁護士ドットコムさんのクラウドサイン®以外は使いません。」というお客様は必ずいるので、どうしても違約金が生じるから、そのリスクの起こりやすさは高いという分析です。

回答1：リーガルリスクを「本件制限条項」と特定した例（かなごんさん）

Risk Impact					
	5	10	15	20	25 (High risk)
	4	8	12	16	20
	3	6	9	12	15
	2	4	6	8	10
	1 (Low risk)	2	3	4	5
	Risk Likelihood				

コミュニケーション&協議

特定

スグサイン！のシェアの低さから契約の相手先から利用を断られる可能性があり、本件制限条項はかなりの足かせとなる。

分析

- 結果の大きさ： **4** ［1～5］
  ［スグサイン！の利用を断られる回数を見積もるアプローチ］
- リスクの起こりやすさ： **5** ［1～5］
  X社以外が使えないならDSD社と取引をしないという顧客は、「必ず」いるので5。
- リスクスコアの見積もり合計：**20** ［1～25］

評価

提携諦める or 低減策

対応

- 本件制限条項の緩和・他社サービスの利用を解除条件ではなく、1件あたり80円支払うことによって他社サービスも利用することができるなどの条件に変更する。
- 本件制限条項は6か月とするよう短縮してもらう。
- DSD社の義務を、第1選択としてX社をオファーすることまでにしてもらう。

②回答2：リーガルリスクを「違約金の発生」と特定した例（むとっこさん）

むとっこさんは、**結果の大きさを5、リスクの起こりやすさを4～5**として、リスクスコアを20～25とかなり高く見積もっています。

大手企業ほど、セキュリティ等の事情で中堅業者であるX社のサービスを利用できない場合が多いのではないかという理由で、リスクの起こりやすさを4～5と分析しました。

回答2：リーガルリスクを「違約金の発生」と特定した例（むとっこさん）

Risk Impact	5	10	15	20	25 (High risk)
	4	8	12	16	20
	3	6	9	12	15
	2	4	6	8	10
	1 (Low risk)	2	3	4	5
	Risk Likelihood				

コミュニケーション&協議

特定

X社以外の電子署名サービスを使用せざるを得ず、X社との間で契約違反→違約金発生状態となる可能性がある。

分析

- 結果の大きさ： **5** ［1～5］
  ［違約金による赤字拡大］
- リスクの起こりやすさ：**4～5** ［1～5］
  ［大手企業ほどセキュリティ等により中堅X社のサービスが利用できない場合も増える］
- リスクスコアの見積もり合計：**20～25** ［1～25］

評価

低減策を必ず講じる［でないと実施不可］。

対応

- オプションA
  X社の電子署名サービスを使用できないユーザであることをDSD社がX社に疎明することにより、例外的に他社の電子署名サービスを使用できるように、契約条項に盛り込む。
- オプションB
  X社の電子署名サービスを使用できない場合には、特段疎明することなく他社の電子署名サービスを使用できるように、契約条項に盛り込む……など。

③回答3：調達額が増える可能性にフォーカスした例（FKさん）

FKさんは、**リスクスコアを6とかなり低く見積もっています。**結果の大きさは2。既存顧客に対する売上には年間680万円ものアップサイドがあり、好ましい影響が生じるとの回答です。さらに、調達額が5000万円から1億円まで増える可能性をしっかりと拾っています。1億円を稼ぐためには、約28000通／月の契約書の新件を獲得しないといけません。それは今の4倍のグロースです。5000万円から1億円のアップサイドという好ましい影響の方が大きいと分析したのではないかと思います。リスクの「好ましい影響」を見逃していません。

回答3：調達額が増える可能性にフォーカスした例（FKさん）

Risk Impact					
	5	10	15	20	25 (High risk)
	4	8	12	16	20
	3	6	9	12	15
	2	4	6	8	10
	1 (Low risk)	2	3	4	5
	Risk Likelihood				

コミュニケーション&協議

特定

X社サービス以外を利用したい顧客に対してサービスの提供ができない。

分析

●結果の大きさ： **2** ［1～5］
①既存顧客に対する売上はアップ(年で約684万円)。
②調達額についても0.5億～1億円増える可能性がある。一方で業務提携をせずにこの額を1年で達成するためには、約28,000通／月の契約書を処理する必要あり。

●リスクの起こりやすさ：**3** ［1～5］

●リスクスコアの見積もり合計：**6** ［1～25］

評価

リーガルリスクはそこまで大きくないが、念のため以下の対応を実施して検討するとよいのではないか。

対応

●X社サービス以外を利用したい潜在顧客の規模を調査する。
●業務提携契約を締結しない場合の潜在顧客を含めた場合の想定売上を見積もり、現在のプランとの比較を実行する。

④回答4：「違約金の請求が実体法上発生したとしても、請求自体が必ず行われるわけではない」と判断した例（匿名さん）

匿名さんは、リスクの特定として、「そもそもX社のサービスは、電子署名法上大丈夫なの？」というリスクを指摘しています。さらに、これ以外のリスクも考えた上で、**結果の大きさは1～2**だと分析しています。

リスクの起こりやすさは2～3。法務としてはなかなか勇気のいる発言ですが、「違約金の請求が実体法上発生したとしても、請求自体が必ず行われるわけでもない。」と指摘しています。**「攻めの法務（12／15）」**(1)でも指摘したとおり、わりとリアルだなと思いました。

回答4：「違約金の請求が実体法上発生したとしても、請求自体が必ず行われるわけではない」と判断した例（匿名さん）

Risk Impact					
	5	10	15	20	25 (High risk)
	4	8	12	16	20
	3	6	9	12	15
	2	4	6	8	10
	1 (Low risk)	2	3	4	5
	Risk Likelihood				

コミュニケーション&協議

特定	X社に電子署名法上の適格性があるかというリスク。
分析	●結果の大きさ：**1〜2**　[1〜5] ●リスクの起こりやすさ：**2〜3**　[1〜5] 違約金の請求自体が必ず行われるわけでもない。 ●リスクスコアの見積もり合計：**2〜6**　[1〜25]
評価	リスクは高くないため、一度は本件制限条項の削除を依頼するが、先方が受け入れない場合は修正する必要はない。
対応	そのまま締結して問題なし。

(2) 対応の回答ピックアップ

次に、受講者の回答のうち「リスクの対応」の部分をピックアップしました。**「攻めの法務　実践の教科書（1／3）基礎」**の「リスクの『特定／分析／評価／対応』」(4)に例示したリスク対応の選択肢に沿って並べています。

①活動を開始・継続しない決定をする

・X社サービス以外を利用したい潜在顧客の規模を調査。業務提携契約を締結しない場合の潜在顧客を含めた場合の想定売上を見積もり、現在のプランとの比較を実行する。

②機会を追求するためにリスクを取るまたは増加させる

・リスクは高くないため、一度は本件制限条項の削除を依頼するが、先方が受け入れない場合は修正する必要はない。

③リスク源を除去する

ⓐ制限条項自体を全部消す。

ⓑ違約金の定めを修正する。

④起こりやすさや結果を変える、リスクを共有する

［本件契約条項へのアプローチ］

ⓐ本件制限条項の緩和・他社サービスの利用を解除条件ではなく、1件あたり80円支払うことによって他社サービスも利用することができるなどの条件に変更する。

ⓑ本件制限条項は6か月とするよう短縮してもらう。

ⓒＤＳＤ社の義務を、第1選択としてX社をオファーすることまでにしてもらう。

ⓓ損害賠償も1通２００円と機械的に定めずに、きちんと実証された分だけ払うようにしてはどうか。

ⓔきちんとただし書をつけて、他社が使える場合をカーブアウトしてはどうか。

ⓕX社の電子署名サービスを使用できないユーザーであることをＤＳＤ社がX社に疎明することにより、例外的に他社の電子署名サービスを使用できるように、契約条項に盛り込む。

ⓖX社の電子署名サービスを使用できない場合には、特段疎明することなく他社の電子署名サービスを使用できるように、契約条項に盛り込む。

［契約書へのアプローチ］

ⓐ特に疎明しなくても他社のサービスを利用できるという場合を定めておく。

ⓑX社がサービスを提供できない場合を詳細にカーブアウトする。

ⓒ例えば7か月目になって他社サービスを使うことになっても対応できるように、1か月前告知で解約できる任意解約権を定めておけば、違約金を払わなくてもいい。

⑤**リスクの保有**

ⓐシステムDDが大事。X社のセキュリティが大丈夫か見ておけば、X社のサービスを断られるリスクも減るのではないか。

ⓑサイバーセキュリティへの対応を行う。

ⓒ他社とも契約しておく。

ⓓ他社のバックアッププランをきちんと考えるのもよいのではないか。単に契約書を修正するだけではなくて、X社との関係が破綻した場合に備えたビジネスのバックアッププランを用意しておく。

ⓔ社内トレーニングをきちんと実施して、ルール違反が生じないようにする。

⑥**その他**

・独禁法の隠れた論点もあるのではないか。独禁法の論点についてはきちんと公取委に相談する。

受講者回答へのフィードバック

(1) 「Grow or Die」の視点

①自社の「Grow or Die」の視点

リーガルリスクをどう捉えて、分析し、評価していくか。皆様の回答はいかがでしたか。

ＤＳＤ社ＣＥＯの松木氏からすると、**誰が法務なのかによって、全くビジネス市場が変わってくる**ということです。良い、悪いではありません。

ＤＳＤ社の法務がむとっこさんだったとして、「社長、違約金による赤字が拡大します。その結果は起こりやすいと思います。したがって、この業務提携契約には20から25のリスクがあり、会社としてリスクテイクできません」と言われれば、おそらく松木氏としては「この提携はやめておこうか」と判断すると思います。

他方で、ＦＫさんがＤＳＤ社の法務だったとして、「社長、これはいけると思います。投資のアップサイドもあります。結果の大きさとしてはこのとおり分析できます。また、違約金も必ず請求されるわけではないと思います」とアドバイスをしたら、恐らく松木氏としては「契約締結の方向でいこうか」と判断すると思います。

企業内の法務だけでなく、外部弁護士が、かなごんさんやむとっこさんと同じように慎重な考え方を持っていたら、「弁護士先生がそう言うんだったらやめておきましょう」となるでしょう。

他方で、ＦＫさんや匿名さんと同じような視点を持っている外部弁護士であれば「先生が、制限条項にはそんなにリスクがないと言うのであれば進めていきたいと思います」となるでしょう。

これが、法務の判断が**「Grow or Die」**に直結するということです。どちらの考えに立つ法務がいるか、その法務がどれだけリスクマネジメントをできるかによって、この会社がリスクを取ってチャンスに変えられるかが変わってくるのです（**「攻めの法務（6／15）」**参照）。

法務が１人だけで考えているときは、自分の判断が会社の運命を左右するなんて思わないでしょう。しかし、このように複数の意見を基にして、リアリティを持ってリスクを見ていくことで、**十分な情報に基づく意思決定（informed decision）**のあり方が変わってきます。

②他のステークホルダーの視点

「X社はそもそもなぜうちの会社と業務提携するのか」「100円のコストを25円に下げようとしたのはなぜか」を考えてみましょう。

X社がこれから成長していかなければいけないというときに、手数料を25円に下げるだけで儲けが生まれるわけではありません。X社としては、これから大手を追撃したいと思っているはずです。そうすると、DSD社が代行する月7500件はX社にとってかなり大きな割合のはずで、だからこそ特別なオファーを出しているのではないでしょうか。

結局、X社の狙いは、「他社のサービスを絶対に使わないでほしい」ということではなく、「ある日突然X社の取扱いをやめて他社のサービスを使われると、月7500件の扱いが消えてしまうのでやめてほしい」ということかもしれません。

そうすると、「御社（X社）のサービスが故障していた場合はどうするんですか？」「DSD社のお客様から御社（X社）のサービスは嫌だと言われたときにどうするんですか？」と言われても「スグサイン！」を使ってくださいとは言わないのではないか、と考えた上での判断は、ビジネスの視点に立った回答だと思います。

（2）特定

助言❶
「それは本当にリーガルリスクか？」を自問自答し、リーガルリスクとビジネスリスクの区分を徹底する。攻めの法務として助言にするには、ビジネス的意見を分ける！

リーガルリスクの特定について、「それは本当にリーガルリスクか？」を常に自問自答する必要があります。

例えば「この制限条項があるので他社サービスは選べません」という法務コメントは正しいアドバイスだと言えるでしょうか。正確には、「他社サービスを選ぶことはできるけれども、違約金が生じて金銭的な負担が出てくる」ことが、リーガルリスクだと思います。

同じことじゃないかと思うかもしれませんが、法的知識がない事業部の方の中には、「契約＝法律」と考えている人もいます。そのため、法務部が「この契約を締結すると他社とは取引できなくなります」と説明すると、「契約違反（＝法律違反）自体がリスクである」と受け止めて、「そうなんですね。弁護士ドットコムさんと提携のお話をしていたのですが、しない方がいいですね」となってしまいます。実は全く違うことなんです。

今回の問題では、ＣＥＯの松木氏に対するリーガルリスクの正しい説明の仕方は次のようになるでしょう。

「他社とはいつでも自由に取引していただけます。ただ、それによって契約違反が生じて、こういう違約金が生じます。違約金が生じるのは、他社と提携の話をしているときではなく、実際に契約をして使い始めたときです。」

リーガルリスクとビジネスリスクをきちんと分けて説明できているかは大きなポイントです（**「攻めの法務（9／15）」**を復習していただけると有益です）。

(3) 分析

助言❷ **過大なリスクの見積もりになっていないか？「5」というのは会社に対してmaterial adverse effect（重大な影響）があるような場合。本当に金銭的リスクが「4～5」でよいか？**

助言❸ **X社が民事訴訟を提起する可能性は現実的にどれほどあるのか？ 制限条項違反の発生可能性はどれくらいあるのか？**

私の個人的な感覚ですが、結果の大きさが4～5というのは、会社が潰れるような影響（material adverse effect）がある場合につける数字だと思います。この課題では、違約金が発生したとしても、手数料として入る金額を差し引くと1通あたり50円の売上げです。仮に1万通の違反があったとしても50万円の売上げがあります。他方で、今回の資金調達がうまくいくと5000万円が入ってきます。違約金が1年続いたところで、会社が倒産するかというとそういうわけではありません。リアリティを持って分析していくと、リスクはかなり小さいと考えられます。

リスクの起こりやすさも考えてみましょう。違反が生じたとしても、X社が狭い業界の中でわざわざ民事訴訟を提起して、1通あたり200円の支払いを求めてくる可能性がどれくらいあるのか。また、実際の取引では、X社との関係性も影響します。例えば、CEO松木氏とX社の社長が幼なじみですごく仲が良いなどの人的環境があれば、民事訴訟まで提起してくることはあまり考えられないかもしれません。

(4) 評価

助言❹

ビジネスにとって消化できる（digestible）アドバイスを行うことかつ自分のバイアスに特に留意する。

リスクの評価はビジネスにとって消化しやすい（digestible）形で行うことが大事です。

取引先が1社に絞られることがリーガルリスクなのではなく、違約金が発生することがリスクであると、バイアスに縛られずに正確に分析しなくてはいけません。

（5）対応

助言❺

すばらしいアイデアが受講生の方から出てきており、拍手をおくりたいです。

リスクの対応について、受講生の皆様から想像以上にすばらしいアイデアが出てきました。講義の中で紹介したアイデアを全部回答していた方はいません。皆様も、他の方の回答を見て「そんなリスク低減策もあるんだ」と思ったのではないでしょうか。この驚きをぜひ皆様のチームに持って帰っていただきたいです。

外部の法律事務所でここまで詳細なリスクの低減策を提案できている事務所は、多数ではありません。今後、クライアントから相談されたときに、「我々はビジネスを全部わかっているわけではないので、もしかしたらとんちんかんなことを言っているかもしれませんが、こんな対応策を取り入れたら全体的にリスクが下がります。」と伝えるだけで、クライアントのビジネスの可能性はポジティブに変わってきます。

NEXT STEPS

助言❶ **外部法律事務所への正しいオーダー＋コミュニケーションを行う。**

助言❷ **リーガルリスクの対応に大きな付加価値があることを理解する。**

では、次のアクションにつなげるための話をしていきたいと思います。

「攻めの法務　実践の教科書（2／3）民事」では、**5×5のリーガルリスクマトリクス**を使って分析していくと、リスクが精緻化できることを体感していただきました。これを「おお、すごい」で終わらせずに、日々の業務に取り入れることが重要です。

例えば外部法律事務所に質問をするときに、「本件について、法的に問題ないでしょうか」と聞いていませんか？　こういう聞き方をすれば、返ってくる回答は「リスクがあります。○○法に抵触するおそれがあります」となるでしょう。これはリーガルリスクの特定／分析／評価までで終わっていて、対応は含まれていません。日本に限らず海外の弁護士でも、こういう場合が多くあります。

そうではなくて、次のように聞いてみるとどうでしょうか。

「これまでとは聞き方が変わるのですが、今回、リーガルリスクマトリクスというものを添付しました。これを使って、『リスクの起こりやすさ』と『結果の大きさ』をそれぞれ5段階で、先生の主観でざっくり評価していただくとどのようになりますか？　先生の前のメールでは、リスクがあるとのことでしたが、その根拠として、『リスクの起こりやすさ』や『結果の大きさ』をどうお考えですか？」

こういう賢い質問をすることによって、良い答えを引き出していくことができると思います。

また、外部弁護士の回答として、「リスクがあります。あとはビジネスジャッジメントです。御社で考えてください。」というものも多いと思います。普通は「はい、ありがとうございました。」で終わってしまいますが、次のように伝えてみたらどうでしょうか。

「弊社としては、インフォームド・ディシジョンをする上でもう少し知恵を貸してほしいのです。具体的には、リスクの低減策のアイデアを何かいただけないでしょうか。当社の役員も、どのような条件であればリスクを取れるのか知りたがっています。」

こう伝えるだけで、弁護士自身も考える契機を得られるのです。

外部弁護士の方は、クライアントからの「法的に問題がありますか」という問いに対して、「○○法に抵触するおそれがあります。」で終わらせず、リスクの対応についての助言を加えるようにしてみてください。改めて **「攻めの法務（5／15）」** を読んでいただけると有益です。

攻めの法務

実践の教科書

（3/3）

行政

《使い方》

紙・ペン・時計・回答フォーマット（239頁）を用意してください。15～30分の時間を確保して問題に回答してください。その後、講義録を読み進めてください。

演習問題

問題

あなたは、法律事務所に所属する日本法弁護士であり、シンガポール法人であるLocal Mania Pte Ltd（以下「ローカルマニア社」といい、日本には子会社・支店・代表者等は存在しません）の代理人であり、日本法に関する助言を行っています。なお、本問の時間軸は、コロナが発生する前の2016年1月当時であると仮定します。

ローカルマニア社は、いわゆるプラットフォーマーとして「場」の提供をインターネット上で行っています。例えば、アカウントを持つユーザーであるシンガポール在住のA夫妻（サービス購入者）が、ローカルマニア社のウェブサイトにアクセスすると、掲載されているアジア各地の様々な「体験」を検索することができます。もし体験してみたいものがあれば、直接、当該体験のサービス提供者（「ローカルマニア」と呼ばれている現地の案内人）に問い合わせて予約をします。

「体験」には様々なものがありますが、いずれもローカルマニア社が体験を提供しているのではなく、体験の提供者（ローカルマニア）が体験を提供しています。

例えば、A夫妻はシンガポールのTV番組で北海道の十勝平野の「じゃがいも農家ドキュメンタリー」を見て、どうしても、十勝平野で「じゃがいも畑を耕作する」体験をしたいと考えていたところ、偶然、十勝の中部に住むローカルマニアが「じゃがいも耕作体験3時間（8:00-11:00）」を提供していることに気がつき、早速、嬉々として予約しました。

ローカルマニア社は、2016年1月現在、シンガポール人に人気がある北海道のみでテストパイロットを行っており、2017年には東京・京都・大阪に拡大することを希望しており、あなたに対して、法令調査を正式に依頼してきました。あなたには、リーガルリスクマネジメントのフレームワークを使った助言が期待されています。

※ここから先は、回答後に読み進めてください※

今日から使える回答フォーマット

Risk Impact					
	5	10	15	20	25 (High risk)
	4	8	12	16	20
	3	6	9	12	15
	2	4	6	8	10
	1 (Low risk)	2	3	4	5
	Risk Likelihood				

コミュニケーション&協議

特定

分析

- 結果の大きさ：　[1～5]
- リスクの起こりやすさ：　[1～5]
- リスクスコアの見積もり合計：　[1～25]

評価

対応

この課題の登場人物は、1社と3人です。あなたは、Local Mania Pte Ltdというシンガポール法人（ローカルマニア社）の代理人です。この会社はインターネットサービスを提供しています。

2人目は体験の提供者。例えば、北海道の帯広にいる農家さんをイメージしてください。帯広に来た外国人観光客に、畑でじゃがいも掘りのローカル体験を提供する個人の方です。

3人目は外国人観光客。例えば、北海道が大好きなシンガポールの方です。北海道旅行に慣れてきて、次は札幌じゃなくて帯広に行って、広大な農地でじゃがいもを掘ってポテトチップスをその場で揚げて食べるというような、特別な体験をしてみたいと思っています。

この2人をマッチングするのが、ローカルマニア社のサービスです。農家の方が、自分

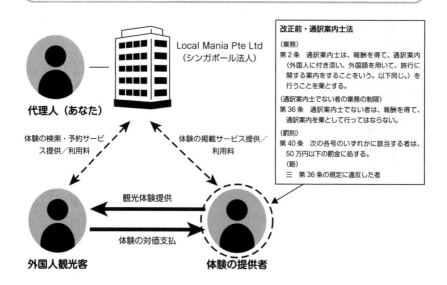

演習問題　行政編

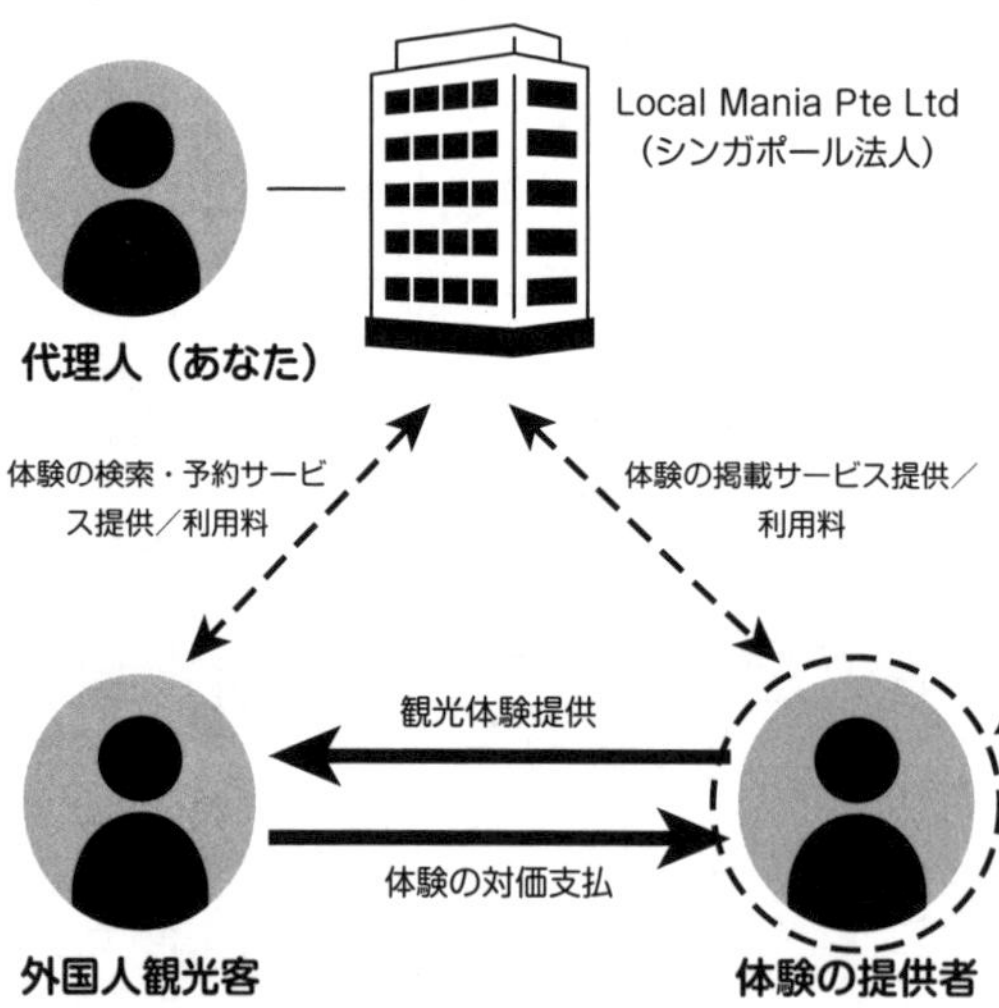

改正前・通訳案内士法

（業務）
第2条　通訳案内士は、報酬を得て、通訳案内（外国人に付き添い、外国語を用いて、旅行に関する案内をすることをいう。以下同じ。）を行うことを業とする。

（通訳案内士でない者の業務の制限）
第36条　通訳案内士でない者は、報酬を得て、通訳案内を業として行ってはならない。

（罰則）
第40条　次の各号のいずれかに該当する者は、50万円以下の罰金に処する。
（略）
三　第36条の規定に違反した者

のホームページに日本語で「じゃがいも掘りを体験できます。」と出しても、シンガポールの方からはなかなか見つけられません。そこで、CtoCマッチングプラットフォーム事業を展開しているローカルマニア社が、日本でマッチング事業を始めようとしていると理解してください。なお、この課題には、２０１６年当時、つまり新型コロナウイルス感染症のパンデミック前の話だというディスクレーマーを加えています。

考えていただきたいのは、「このマッチングサービスを日本でやっていいのか、いけないのか」「やっていいとしたら、どのような条件なら安全にやれるのか」を、どうプレゼンテーションするかについてです。

体験の提供に関する契約は、外国人観光客と体験提供者の当事者同士で結ぶものです。プラットフォームを運営するローカルマニア社は契約の当事者にはなっていません。大きなCtoCのマーケットプレイスを想像していただけたらと思います。CtoCのマーケットプレイスとは、例えば、レゴブロックのレアなパーツを取り扱うフリマのマーケットプレイスを想像してみてください。買主がサイトに行くと、売主がパーツを売っていますが、これはプラットフォーム業者が売買契約の間に入っているわけではなく、あくまで売主・買主の間で契約が成立しているビジネスです。プラットフォーム側は、取引が成立するごとに、売主か買主のどちらかから手数料をもらうスキームになっています。

出題の趣旨

この課題でポイントとなる行政法規は、改正前（平成29年6月2日法律第50号による改正前）の**通訳案内士法**です。

この法律で一番大事なのは、通訳案内士法40条の罰則の規定です。同条1項3号に「第36条の規定に違反した者」は「50万円以下の罰金に処する」とあります。同法36条には、「通訳案内士でない者は、報酬を得て、通訳案内を業として行ってはならない」と規定されています。

では「通訳案内」とは何なのか。通訳案内士法2条に「通訳案内士は、報酬を得て、通訳案内（外国人に付き添い、外国語を用いて、旅行に関する案内をすることをいう。以下同じ。）を行うことを業とする。」という定義があります。

帯広の農家さんは、通訳案内士の資格を持っているのか。そこは問題文には書いていません。例えば、外国人観光客を自分の畑に招き、一定の時間に対してお金をもらったらどうでしょうか。まさに、畑で外国人に付き添って、外国語を用いて、報酬を得ているわけです。「ポテト！　ここ掘って！」などと、英語で言うことは「通訳案内」ではないのでしょうか？

「通訳案内」のもう1つの定義として、「旅行に関する案内をすること」とありますが、この点は後で議論したいと思います。畑に関する説明だけじゃなくて、帯広の土地柄や、開拓の歴史などの話をすれば、旅行に関する案内にあたるかもしれません。

様々な体験がある中で、通訳案内士法のぼやっとした定義をどう読むか。「旅行に関する案内」とは書かれているものの、「旅行」に関する定義も「案内」に関する定義もないので、行政側としてはかなり広く捉えてくるでしょう。

ここからが、行政法規とリーガルリスクマネジメントを考えるエキサイティングな時間です。まず、駄目な例をお伝えします。**「これは法的リスクがありますね」で終わりでは全然役に立ちません。**その理由としても「通訳案内に該当するおそれがあるのでリスクがありますね」だけでは、**事業が全く前に進みません。**

では、どのように変えていけばいいのか。実践を通じて学んでいきましょう。

受講者回答

（1）特定・分析の回答

①回答1：リーガルリスクを「通訳案内士法36条に違反するおそれがある」と特定した例（ときんさん）

ときんさんは、「通訳案内士法36条に違反するおそれがあります。本条に違反する場合は50万円以下の罰金があります。」とリスクを特定しました。

リスクの分析では、罰金が高額になる可能性も見込んで、**結果の大きさは3～4**と大きめです。**リスクの起こりやすさ**も、ユーザーが増えるほど問題が顕在化しやすくなるので、長い時系列で見るとかなり高いと考えて**4～5**です。

ときんさんはさらに、無資格ガイドがはびこると、既得権益を持った団体、つまり正規の資格を取ってガイドをしている人たちが怒るのではないか、これも問題になるのではないか、と分析しています。

・特定

ときんさんの回答について詳しく解説していくと、まず、刑事罰をきちんとリーガルリスクと特定した点が優れています。他の方の回答を見ると、全員が36条の罰金まで特定して回答できているわけではありませんでした。

事業部への伝え方としても、「刑事罰があります。」だけでは「逮捕されるの⁉」と思わせてしまうので、「50万円以下の罰金があります。その根拠はこの法律の36条です。」と示すことが非常に大事だと思います。

ただ、ここに、私が意図的につくったトリッキーなところがあります。それは、「誰の」刑事罰なのかという点です。たしかに50万円の罰金が発生するのですが、これは体験の提供者に関わる罰則です。ではこれがローカルマニア社にとってどのようなリスクになるのか。ここで二段階の分析が必要になってきます。

回答1：リーガルリスクを「通訳案内士法36条に違反するおそれがある」と特定した例（ときんさん）

Risk Impact	5	10	15	20	25 (High risk)
	4	8	12	16	20
	3	6	9	12	15
	2	4	6	8	10
	1 (Low risk)	2	3	4	5
	Risk Likelihood				

コミュニケーション&協議

特定

通訳案内士法36条違反のおそれがあります。本条の違反に該当する場合は、50万円以下の罰金。

> 講師からのアドバイス
> 刑事罰をリーガルリスクと挙げたのは◎
> 他方「誰」の法的責任であり、これがローカルマニア社という法人にどう影響するのかより精緻に分析できると◎

分析

結果の大きさ：**3～4**　[1～5]
罰金対象となった場合、罰金額自体は50万円以下と高額ではないが、利用案件の多寡によって罰金額が高額になることも見込まれる。

> 講師からのアドバイス
> 法益侵害の対象は?

リスクの起こりやすさ：**4～5**　[1～5]

- 利用者が多くなればなるほど、サービスにおける問題は顕在化しやすくなる。

> 講師からのアドバイス
> 時間軸を過去⇔今⇔将来と行き来するこの視点はまさにインターネットの時代の視点◎

- 全日本通訳案内士連盟が無資格ガイドによる質の低下を問題視していることも、当該顕在化の一要因となり得る。

> 講師からのアドバイス
> ISO31022もStakeholder（圧力団体含む）を指摘しており、着眼点◎

リスクスコアの見積もり合計：**12～20**　[1～25]

ローカルマニア社にも、刑法の共犯理論が適用されるかもしれないし、レピュテーションリスクが波及するかもしれません。刑事罰のおそれがあると指摘した回答は多かったのですが、**誰に対する刑事罰なのかという点をきちんと特定できている方は、実は1人もいませんでした。**

行政法規の中でポイントになるのは、法律に基づく行政権発動の要件が複数ある場合、そのうちの1個でも抜けていると発動できないということです。構成要件が1つでも欠けていたら刑罰を科すことはできません。

ローカルマニア社は、通訳案内を業としてはやっていません。「第36条の規定に違反した者」ではありません。案内しているのは体験の提供者です。そこまできちんと特定してアドバイスができているかが、今回の課題の最大のポイントになっています。

行政法規を取り扱う上では、主体がユーザーなのか、従業員なのか、自社の法人なのか、法人の子会社なのかという点はポイントになるので、意識しておく必要があります。

・分析：結果の大きさ

続いて、結果の大きさについて、私からの助言は、「法益侵害の対象とは何か」を考えるということです。司法試験で刑法の答案を書くときにはこれを考えているはずです。

では、行政罰を担保しているものは、人の生命・身体の安全を守ることなのか。それとも、正しい観光案内という抽象的な利益なのか。人の生命・身体が関わってくるときは、刑罰、罰則の社会的なインパクトの大きさも変わってくるところです。

このようにもう少し踏み込んで考えることによって、結果の大きさの分析が変わってきます。

・**分析：リスクの起こりやすさ**

リスクの起こりやすさについて、ときんさんの回答で**非常によかったのは、現在、過去、未来と軸をずらして分析できていること**です。

現在実際に取り締まられている事案があるのか、それとも将来的にユーザーが増え、数年後に社会問題化しそうな事案なのかによって、事業部の判断は変わってきます。そこで、単に「このリスクが起こりやすいと思います。」と伝えるのではなく、「現在はこうだけれども、将来はこうなるかもしれません。」と説明すれば、思考の過程を明らかにすることができます。

もう1つ、ときんさんの回答の優秀な点は、対立する関係にある方の利益（vested interest：既得権益）をきちんと指摘していることです。

行政法規を取り扱う場面では必ず、既存のプレイヤーが存在します。金融や保険にも、様々な既得権益を持った団体がいます。その関係で、この解釈を取ることで、リスクの起こりやすさがどれくらい生じるのかという点に着眼できることは、非常に重要です。

②回答2：リーガルリスクを「サービスの提供者が36条違反に当たる」と特定した例（ＦＫさん）

・特定

まず、ＦＫさんは、リーガルリスクの特定で「サービスの提供者が通訳案内士法36条違反に当たる」としています。その上で、法律を守らない人が自社のサービスを使っていることで、レピュテーションリスクが生じてくるのではないかと指摘しています。

惜しかったのは、行政罰の対象となるのは誰かという点に関して、ローカルマニア社のサービス提供が共犯や従犯に当たるかという分析にまでは踏み込んでいなかったことです。ここができればなおよかったと思います。

・分析：結果の大きさ

次に結果の大きさについて。レピュテーションリスクを指摘するときは、私自身も常に悩みますし、事業部に対して間違った説明をしていたこともあります。

ここで注意すべきは、レピュテーションダメージが生じることは、リーガルリスクそのものではないことです。**我々法務は、レピュテーションリスクについて過大評価してしまい、あたかもリーガルリスクであるかのような言い方をしがち**ですが、両者はきちんと区別して事業部に伝えないといけません。レピュテーションリスクが深刻かどうかは、法務の判断事項ではありません（**「攻めの法務（9／15）」**参照）。

この課題でのリーガルリスクは刑事罰です。罰金刑を科されたことが報道等によって公表され、

回答2：リーガルリスクを「サービスの提供者が36条違反に当たる」と特定した例（FKさん）

Risk Impact					
	5	10	15	20	25 (High risk)
	4	8	12	16	20
	3	6	9	12	15
	2	4	6	8	10
	1 (Low risk)	2	3	4	5
	Risk Likelihood				

コミュニケーション&協議

特定

サービス提供者（個人）の選定をきちんと行わない場合、サービス提供者が通訳案内士法36条違反にあたるリスクがある。結果、法令順守をしていないサービスを提供している会社であるといったレピュテーションリスクが生じる。

> 講師からのアドバイス
> 行政法規の名宛人をクリスタルクリアに条文から特定しており◎。他方で、シンガポールのローカルマニア社が刑法総論でいう共犯関係にならないかは分析として踏み込んでほしかった。

分析

結果の大きさ：**4〜5**　[1〜5]
通訳案内士法に違反するローカルマニアがいたことが発覚した場合、サービスを提供するローカルマニア社に対する評判が低下するおそれがあり、場合によっては日本でのサービス展開をしづらい流れになるかもしれないため。

> 講師からのアドバイス
> レピュテーションダメージは法務が最初に指摘するが、まずリーガルリスクの結果を特定。

リスクの起こりやすさ：**2〜3**　[1〜5]
ローカルマニアの体験をプラットフォームに掲載するときに資格等（通訳案内士の資格があるか、宿泊とかを提供する場合は、旅行業法の違反はないかなど）の確認をきちんと行うようにすれば、上記リスクは回避することが可能と考えるため。

> 講師からのアドバイス
> Great！　Enable法務!

リスクスコアの見積もり合計：**8〜15**　[1〜25]

自社のレピュテーションが下がることは、間接的な結果です。

例えば、行政の調査が入った場合、行政がプレスリリースを出すのが慣例であれば、事業部に対して「レピュテーションリスクがあります」という説明だけで終わるのは完璧ではありません。説明すべき内容としては、例えば個人情報の漏えいであればこのようになります。

「個人情報の漏えいが発生した場合、個人情報保護委員会は通例、プレスリリースを出します。プレスリリースを出すことによって、記者やステークホルダーも知りえます。したがって、こういうことは世間に広く知られてしまうため、リーガルリスクから波及する形でレピュテーションリスクが生じてきます。」

このように説明した上で、「これが公表された場合のレピュテーションリスクは果たして受容できるものなのか？」と、広報や事業部と一緒に相談して分析していくべきだと思います。

・分析：リスクの起こりやすさ

次はリスクの起こりやすさについて。「リスク対応」にも関係します。

ＦＫさんは、プラットフォームに掲載するときに通訳案内士かどうかを確認していれば問題は生じないという回答でした。

きちんと確認をして、北海道の通訳案内士の資格を持った方だけ載せていれば、そもそも違反する人がおらず、リーガルリスク自体起こりようがないのです。起こりやすさの分析だけでなく、調整できるところはないかという点もしっかり見ていてすばらしいですね。

③回答3：リスクの起こりやすさを低く分析した例（むとっこさん）

・分析：リスクの起こりやすさ

むとっこさんは、ときんさんやFKさんと違って、**リスクの起こりやすさ**を**1**と低く分析しています。

我々が法務の仕事を始めたとき、条文からスタートしなければいけないと習ったと思います。今回問題になっているのは、2条の通訳案内の定義に関わってくる部分です。

むとっこさんが指摘しているとおり、体験が始まってから終わるまで農作物の話をするのであれば、定義の1つである「旅行に関する案内をする」に該当するおそれは低いかもしれません。しかも、「外国人に付き添い」という定義は、場所的、地理的な移動を想定させます。1か所に留まって一緒にじゃがいもを掘って、じゃがいもの話をするのであれば、旅行の案内ではないかもしれません。

36条違反に飛びついてしまった人もいますが、行政法規のリーガルリスクマネジメントを考えるときも、法務の仕事の基本どおりに、行政法の条文を要件に分解し、要件の法解釈、伝統的な解釈、判例も調査した上で、リーガルリスクとして何が特定できるのかという作業をやらなければいけません。

そう分析していくと、じゃがいも掘りが本当に外国人に付き添った旅行の案内といえるのか。そこを意識できることが重要です。

③の「日本に子会社・支店・代表者を設置しているわけではないため、日本の警察当局が本件を

刑事事件として立件する可能性は高くない。」は代理人として優れた着眼です。

「刑事罰を受けるおそれがある」という議論をするなら、どれだけ事件化する可能性があるのか、よく考える必要があります。露見する可能性の話をしているわけではなく、新しい行政法規を取り扱うときは、どれだけエンフォースメント（法執行）が行われているかをきちんと考えなければいけないということです。エンフォースメントとは、この課題でいうと、「過去に通訳案内士法違反で何人検挙されているのか」「当局は限られたリソースの中で、この問題にどれくらいフォーカスしているのか」などです。**過去の執行例については犯罪白書で調べることができます。**ただ、法務や外部弁護士で、ここまで調べている人はまだあまりいないと思います。

④の「まずは行政調査、行政指導という形で当社にアプローチしてくる可能性が高い。」もすばらしい回答です。法務は「刑事罰を受けるリスクがあります」とよく話しますが、そのアドバイスをする前にいきなり逮捕される、刑事罰を受けるという可能性がどれだけあるのかについて考える必要があります。おそらく、日本の行政の通常のアプローチとしては、まず事実関係を調査すると思います。むとっこさんは、行政が「御社はこういうサービスをされているんですけれども、大丈夫ですか？」と調査してきて、指導するところから始まるのではないか、と見立てています。

すでに業としてライセンスを取っている状況であれば違いますが、課題では、シンガポール法人であるローカルマニア社が日本でパイロットを始めるという状況なので、おそらく最初は行政指導がなされるのではないかと考え、そこの段階できちんとスキームを見直していけばよいというのがむとっこさんの指摘です。これは他の方になかった視点でした。

回答3：リスクの起こりやすさを低く分析した例（むとっこさん）

Risk Impact					
	5	10	15	20	25 (High risk)
	4	8	12	16	20
	3	6	9	12	15
	2	4	6	8	10
	1 (Low risk)	2	3	4	5
	Risk Likelihood				

コミュニケーション＆協議

特定

ローカルマニア社のビジネススキームそのものが、通訳案内士の業であると認定され、刑事処罰の対象となる。

分析

結果の大きさ：**5**　[1～5]
刑事処罰の対象

> 講師からのアドバイス
> 正面から刑事罰を「結果」として特定しており◎。他方、なぜローカルマニア社が通訳案内士法の罰則の対象になるのかは精緻な分析があるとさらに◎

リスクの起こりやすさ：**1**　[1～5]
① 通訳案内の要件である「外国人に付き添い……案内する」を満たしているとは認定できないと解釈することが可能である。
② 通訳案内士の利益を大きく害しているとはいえない。
③ 日本に子会社・支店・代表者を設置しているわけではないため、日本の警察当局が本件を刑事事件として立件する可能性は高くない。

> 講師からのアドバイス
> シンガポール法人と明記した問題の趣旨をきちんと丁寧に解析しており、この点が指摘できた受講生は数名だった。

④ まずは行政調査、行政指導という形で当社にアプローチしてくる可能性が高い。

> 講師からのアドバイス
> いきなり警察が動いて刑事罰になることはどれくらい起こり得ることなのだろうか?特に構成要件が不明確な場合。

リスクスコアの見積もり合計：**5**　[1～25]

④回答４：リーガルリスクを「刑事罰及びレピュテーションリスク」と特定した例（みかんさん）

・特定

みかんさんの回答のすばらしいところは、まずリスクの特定のところです。罰金が科される可能性があり、それに伴い国交省から社名を公開されて注意喚起がなされ、レピュテーションが低下するおそれがあると指摘しています。「なぜ刑事罰がレピュテーションの低下につながるのか」をきちんと説明できているのがすばらしいと思います。

皆様が、仮に、通訳案内士法についてあまり理解していない事業部の方だったとします。法務からの回答が、単に「レピュテーションリスクの懸念がある」としか書かれていなかったら、恐らく刑事罰とレピュテーションの低下を結びつけて考えることはできないと思います。しかし、みかんさんのメモやメールであれば、「違反したら公表されてしまうから、それは確かにレピュテーションが下がりますよね。」と理解できます。

・分析：リスクの起こりやすさ

みかんさんは、リスクの起こりやすさについて、ライバルである日本の旅行業者が告発する可能性があると指摘しています。

競合他社が、「海外の事業者が北海道でこんなことをやっていて困っています。」といった形で、当局に相談や告発をするということは、実際によくあります。

回答4：リーガルリスクを「刑事罰及びレピュテーションリスク」と特定した例（みかんさん）

Risk Impact					
	5	10	15	20	25 (High risk)
	4	8	12	16	20
	3	6	9	12	15
	2	4	6	8	10
	1 (Low risk)	2	3	4	5
	Risk Likelihood				

コミュニケーション&協議

特定

サービス提供者は、罰金を科される可能性あり。

これに伴い、国交省から通訳案内士法違反行為を助長している等として注意喚起のために社名を公表され、レピュテーション低下により実質的に事業を継続し難い状況に陥るリスクがある。

> 講師からのアドバイス
> 「シンガポール法人はレピュテーションを本当にそこまで気にしているのだろうか？　それはリーガルリスクなのだろうか？」という悩みが大事。

分析

結果の大きさ：**4**　［1～5］
公表され報道されれば、対応は必須となる。

> 講師からのアドバイス
> 刑事罰の影響が、単なる50万円のお客様個人の話にとどまらず、より大きな「会社」へのImplication（影響）が生じるかについて着目されておりとても良い。

リスクの起こりやすさ：**2**　［1～5］
「最初の1件」が生じるかどうかが問題。シェアが拡大した場合、ライバルである日本の旅行業者から告発される可能性あり。

> 講師からのアドバイス
> 他社の密告・告発を正当に評価◎

リスクスコアの見積もり合計：**8**　［1～25］

(2) 対応の回答ピックアップ

次に、受講者の回答のうち「リスクの対応」の部分をピックアップしました。**「攻めの法務　実践の教科書（1／3）基礎」**の「リスクの『特定／分析／評価／対応』」(4)に例示したリスク対応の選択肢に沿って並べています。

①活動を開始・継続しない決定をする

該当する回答なし。

②機会を追求するためにリスクを取るまたは増加させる

該当する回答なし。

③リスク源を除去する

ⓐ通訳案内士の資格を持った者に限定する。

ⓑ緻密な分析をした上で、通訳案内士の資格を持った者に限定する、弁護士からの意見書徴求を提案する。

ⓒ体験場所を1か所に絞るセルフレギュレーション、通訳案内士の資格を持った者に限定する。

④起こりやすさや結果を変える、リスクを共有する

ⓐグレーゾーン解消制度を活用する、対象法令に合ったビジネスモデルに変更＋北海道でのパイロット活用。

ⓑ許認可を確認するワークフローを新設する。

ⓒノーアクションレター、登録フォームを工夫する。

ⓓ利用規約で精緻に免責を提案する。

⑤リスクの保有
ⓐ法令遵守の観点からプロダクトカウンセリングを行う。

ⓑ個人情報保護法の懸念を示した上でＰＰでの対応を示唆する。


以下、中でも優秀だった回答を詳しく見ていきます。

①回答1：ノーアクションレターの利用や登録フォームを工夫してリスクを低減するとした例（みかんさん）

みかんさんは、ノーアクションレターの利用や登録フォームの工夫によって、リスクを下げられるのではないかと回答しています。

②回答2：プロダクトカウンセリングを行うとした例（そらさん）

そらさんは「法令遵守の観点からプロダクトカウンセリングを行う」といった対応を提案しました。

「**プロダクトカウンセリング**」という言葉は、聞き慣れない方もいると思います。これは、製品やインターネットサービスのリスク低減策を実現して、プライバシーや業法に対応した製品やサービスをつくることです。

役割としては、「リスクがあります。」と指摘するだけではなく、「登録フォームをこう変えて、社内で確認するワークフローをつくることによって、事業全体としてリスクを低減した形で進めることができます。」と提案するものです。

外資系企業の法務には、リスクの対応を実装して一緒に走っていくための「プロダクトカウンセリングロイヤー」というポジションが置かれていることがあり、Airbnb にもあります。今後、日本の法務でも参考になるのではないかと、個人的には考えています。

回答1：ノーアクションレターの利用や登録フォームを工夫してリスクを低減するとした例（みかんさん）

Risk Impact					
	5	10	15	20	25 (High risk)
	4	8	12	16	20
	3	6	9	12	15
	2	4	6	8	10
	1 (Low risk)	2	3	4	5
	Risk Likelihood				

コミュニケーション&協議

対応

オプションA
○○省にノーアクションレター、または、経済産業省を通じてグレーゾーン解消制度による照会を提出し、適法であることを確認したうえで進める。
【リスクの変化：結果の大きさ・リスクの起こりやすさについて、計1にまで低減できる。他方で、○か月の時間を要することが予想され、しかも○○省は過去も慎重であるため、玉虫色の回答しかもらえず事業を断念しなければならないおそれがある。】

オプションB
当社と業務提携している乙株式会社（○○業法の許認可保有）に当該業務を完全に委託して、当社はこの業務を一切行わない（この点は、○○年のパブリックコメントで業法に抵触しないことが明言されている）。
【リスクの変化：結果の大きさ・リスクの起こりやすさについて、計1にまで低減できる。乙株式会社がどのくらいの手数料で本業務を受託してくれるかは事業部と要確認。】

オプションC
外部法律事務所が指摘するYYYという懸念部分について、事業計画から削除して進める。当初の半年間をパイロット期間と位置づけ、全国でのローンチを避けて、○○県○○市のみでテストケースとして実施する。その間、外部法律事務所が指摘するYYYという点がどれほど顕在化しうるのかを測定し、6か月後に取締役会にてリスクを再評価して、継続承認・断念を決定する。また、パイロット中の違反おそれが指摘された場合の交渉窓口、説明資料をまとめ、治癒に向けてのコンティンジェンシープランを用意しておく。
【リスクの変化：都道府県を限定することおよびコンティンジェンシープランによって結果の大きさが1～2に低減。リスクの起こりやすさも、YYYを一部行わないことにより1～2に低減できる（計1～4）。】

受講者回答へのフィードバック

（1）特定

助言❶

Exceptionalな最高のリーガルリスクマネジメントへの第一歩は正確な「リーガルリスクの特定」である。本問では、通訳案内士法を題材に、行政法規の名宛人が自社ではない場合について、顧客への行政法規の適用が生み出すImplication（影響）を正確かつ丹念に特定する必要があった。行政法規の構成要件や各要件の解釈・適用を飛ばしている回答が多い印象であった。

まず、「正確なリーガルリスクの特定／分析」です。法学部のときから言われ続けている**「要件が大事」「条文に戻ろう」という基本は、行政法規を取り扱う場合でも同じ**です。

皆様の回答の中には、「どの条文のどの要件が欠けると行政権が発動できないのか」を飛ばしてリスクの対応に取り組んでいるものも見られたのですが、まずは特定／分析が大事です。

(2) 分析

①結果の大きさ

助言❷
レピュテーションの前に、「行政指導」及び「刑事罰」という2つの結果を真正面から指摘できたかが問われていた。正確な指摘の上で、論理的に、顧客への行政指導や刑事罰の可能性がどのような結果を生み出すかを正確に叙述する必要がある。

結果の大きさの分析とは、行政指導・刑事罰のリスクをどう評価するかという問題であるということです。スコアをどうつけるかは別にして、この点をきちんと踏まえて分析できていたのかについては、改善の余地があった人もいたのではないかと思います。

②リスクの起こりやすさ

助言❸
行政処分や刑事罰について端的にどれほど起こりやすいかを調べてほしかった。犯罪白書はチェックしたか？　想像力を駆使する場面である。

リスクの起こりやすさについて、犯罪白書までチェックしたという人はおそらくいなかったと思います。今後、新規事業に関わるとき、特に見たことのない行政法規であれば、過去の行政処分の事例や犯罪白書のような統計を確認して、どれだけエンフォースメントされているのか、つまりリスクの起こりやすさをデータから考えていくことも重要になると思います。

NEXT STEPS

助言❶ **外部法律事務所との協働の仕方を「クリエイティブ」に変えよう。**

助言❷ **事業部に感謝される、リーガルリスクマネジメントを押さえた返信メール・メモを書こう。**

「攻めの法務　実践の教科書（3／3）行政」のNext Stepsとして、**2つ**の提案をしたいと思います。

1つ目は、法律事務所との協働についてです。

法律事務所もまだ進化をしている途中ですから、「行政法規に抵触するおそれがあります」という回答しか得られないことはもちろんあります。条文の文言は広く解釈することもできるので、外部弁護士が、行政側がそう解釈しない理由がないと考えるのは理解できます。

そういったときに、**「攻めの法務　実践の教科書（3／3）行政」**及び**「攻めの法務（5／15）」**に掲げたフレーズを思い出してください。「先生、執行例はどうなんですか？　犯罪白書を調べてください。」「結果の大きさやリスクの起こりやすさはどうなんですか？」という質問によってリーガルリスクマネジメントに引き込み、外部弁護士の分析に対して、良い意味でのチャレンジ、ストレステストをかけていくのです。

これはお互いの分析を磨いていくことだと思っています。自分の分析を外部弁護士に見てもらうことによって、「いやいや、裁判官はこんな考え方はしませんよ。」「これじゃあ通りませんよ。」と教えてもらえるかもしれません。

リスクの対応についても、**「もっとコンプライアンスが厳しい他の業界も見ていらっしゃると思います。他業界では似たようなリスクをどう取り扱っているか、ご存知ではないですか？」**と質問することで、何か良い方法がないか、とアイデアを出し合うことができます。

このように、外部弁護士と一体になって考え、協働の仕方をクリエイティブにしていこうというのが1つ目の提案です。

2つ目の提案は、事業部に感謝されるメモを届けることを最終的な目的にしようということです。

リーガルリスクマネジメントに初めて取り組むときには、リーガルリスクマトリクスを大いに活用して、事業部への返信にも使うとよいと思います。5×5のリーガルリスクマトリクスによる分析結果を貼り付けるだけでも、単に「リスクがあります」よりははるかによいのですが、ツールはあくまでツールです。

事業部への最高の返信メモとしては、次のような構成が考えられます。

「法務として推奨する方法はオプション1です。次に、法的に問題ないやり方はオプション2、オプション3です。オプション3にリスク低減策をつけて、こういう案もあるかもしれません。そして、リスク低減策を講じてもおすすめできないものとして、オプション4も念のため挙げておきます。」

こういうメモやメールが送られてくると、事業部としては非常にわかりやすいです。「なるほど。推奨案はオプション1なんだね。2と3も可能なのね。でも2と3のリスク低減策はあまりプラクティカルじゃないな。そうすると1かな。」と考えることができます。

こうして事業部によって**消化可能な内容**にできる段階まで助言できれば、リーガルリスクマネジメントのマスターであると言えるのではないかと思います。

我々は、リスクの特定／分析をするだけではなく、常に対応とレコメンデーションを提案できる存在でありたいというのが私の思いです。

おわりに

究極の鍛錬の振り返り

前半はマンガ編、後半は講義編を通じて、攻めの法務を深める「究極の鍛錬」のための1つの方法を、教科書というまとまった形で提供できたと考えています。繰り返しになりますが、『究極の鍛錬――天才はこうして作られる』の著者ジョフ・コルヴァンは、究極の鍛錬の要素として**「実績向上のため特別に考案されている」**ことを挙げています。本書は、マンガ及び講義（他の受講生の回答と自己の回答との比較）を通じて、リーガルリスクマネジメントの能力を高めるため、すなわち、皆様の**「実績向上のため特別に考案されている」**書籍です。

最後に、本書を締めくくる形で、さらに、黙々と自学自習を重ねて、ライバルよりも1歩先に進み、クライアント・事業部からより大きな信頼を勝ち得るトピックを提供します。

リーガルリスクマネジメントの枠組みで他者の話を読み解く

はじめに、**弁護士そして法務部の先達が出版された仕事術に関する本を、リーガルリスクマネジメントの観点から再構成してみると様々な発見があります。**業界や時代背景が異なることも念頭に置きつつ、ある記述がリーガルリスクの特定／分析／評価／対応そして協議またはコミュニケーション、どのプロセスについて述べられたコツなのかを分析すると、選択肢も広がります。例えば、基本書を読んでとにかく日本法の法的知識を増やしなさいというアドバイスがあったとします。このアドバイスは、リーガルリスクの特定を適正に行うために幅広い知識を持っていなさいというアドバイスと再整理することができます。

また、法律家や法務部向けの雑誌記事において共有される様々な取り組みや工夫は、リーガルリスクの対応（低減策）を共有している場合も少なくありません。例えば、他の業種や普段取り扱わない法領域（金融業の方は製造業、製薬業の方はＩＴ業など）では、従来思いつきもしなかった様々なリーガルリスクの対応策が共有されている場合があります。とりわけ規制が厳しい業種の書籍や記事では、相対的に規制が緩やかな業種において頭を抱えているリーガルリスクの対応策が、既に実践され定型化しているような場合もあります。

このように、「リーガルリスクの特定／分析／評価／対応」及び「協議＆コミュニケーション」というプロセスが汎用的な枠組みであると理解できると、これまで自分には関係ないと無意識に捨象してきた様々な情報が、皆様の新しい情報源になるかと思います。

リーガルリスクマネジメントによる外部法律事務所との関係強化

さらに、講義編**「攻めの法務　実践の教科書（1／3）基礎」**の「プロセスの整備」(3)でも説明したとおり、外部法律事務所との関係も、リーガルリスクマネジメントによって数倍強化することが可能です。すでに指摘したとおり、単に法的知識や法的分析を求めるだけでは、それは「リーガルリスクの特定／分析／評価／対応」のうち「リーガルリスクの特定／分析」というわずか**半分のプロセスしかお手伝いをしてもらっていない**ことになります。

そこで、普段聞いていない場合でも、「先生個人の考えとして、何かリスクを低減するアイデアはありませんか？」と話を重ねることによって、思わぬアイデアをもらえることがあります。外部法律事務所の特筆すべき強みは、業種の異なる様々なクライアントを抱え、自社以外の様々なリスク対応策を見聞きしていることです。これらの実務上のアイデアは、既に実施されているという点で、リーガルリスクの対応策として社内でも安心して利用することができる場合もあります。

他方、最初は法律事務所に警戒される可能性もあります。特に、法的助言以外については責任を負いたくないと考える法律事務所は多いでしょう。そこで、まずは先生の個人的な考え方を聞くという立て付けでカジュアルにディスカッションを始めてみるのがよいのではないかと考えます。だんだんとお互いが慣れてきたら、最初の段階から、リスクの低減策まで合わせて助言をもらえるようになるでしょう。

さらに見逃せない点は、このようなやり取りをすることによって、自然と法律事務所の側でも、事業に詳しくなるということがあります。「攻めの法務（1／15）～（15／15）」で見てきたとおり、クライアント・依頼者の十分なニーズに合致するリスクの対応策を提示するためには、相談されている業界や事業の知識が不可欠です。**企業側も法律事務所側も、よりリスクの対応策を検討する上で様々な質疑応答が生まれ、その情報が法律事務所におけるチームのクライアント・ノレッジ（顧客の前提情報）を強化してくれるのです。**また、様々なリスクテイクを共有することにより、法律事務所の側でも、「リーガルリスクの特定／分析／評価／対応」における「評価」の基準や感覚が見えてくることがあります。そうすると、日々の助言にメリハリがついて、社内で最終的に外部法律事務所の見解を消費する際も、非常に使いやすい形で出てきているため、諸々の作業の効率化を図ることができます。

リーガルリスクマネジメントを通じて外部法律事務所との関係を強化することにより、窓口となる皆様自身のリーガルリスクマネジメントの学びもさらに豊かなものになります。対等なパートナーシップ関係にある法律事務所との間でも、より深い分析と学びを実現できます。筆者は、法律事務所での講演も積極的にお受けして、企業と外部弁護士の双方が、このリーガルリスクマネジメントを最大限活用できる環境を日本に整えたいと願っています。

私のコミットメント

最後に、**私自身の皆様へのコミットメント**をお話しさせてください。

私は2015年にAirbnbに入社して以来、**何とかして、このイノベーションに溢れる企業の法務部の優れた点を日本の法律家・法務コミュニティに持ち帰りたいと願っておりました。**

転機は、本書で何度も取り上げている経済産業省の「国際競争力強化に向けた日本企業の法務機能の在り方研究会」への参加でした。経済産業省の室長が、日本組織内弁護士協会で講演をされた際に懇親会がありました。私は積極的にそのお隣に座り、Airbnbで目の当たりにしていること、自分が貢献できるかもしれないことをお話ししました。その後、室長がAirbnbのオフィスを見たいと遊びに来てくださることがありました。私はいつものように**「どうやったら最高のアドバイス（法律に限らない）を提供できるだろうか」**と考えておりました。そして、第1期の報告書に役立つ提案を自主的にまとめ、どのような議論を行えばさらに現在の報告書が充実するかという点についてプレゼンテーションをしました。幸い、この取り組みが室長の御心にとまったようで、その後しばらくしてから、研究会に入ってほしいとのお声掛けをいただきました。そして研究会の間も常に「どうやったら最高のアドバイス（法律に限らない）を提供できるだろうか」を考え、Airbnbの当時のGeneral CounselであったRob Chesnut氏にも誠心誠意説明し、許可を得た上で、5×

5のリーガルリスクマトリクスを公の場で発表することが許されたのです。

その後も精力的に執筆活動と講演活動を続けてまいりました。「攻めの法務（15／15）」で書いたように、**講演を聞いてくださる方の中に昔の自分と同じように組織と自分の成長の間でもがき苦しんでいる方が1人はいらっしゃるのではないかと考えて、全身全霊で取り組んできました。**

ある日、虎ノ門ヒルズの大変大きなホールを貸し切った講演を終えた直後に、若い男性が笑顔で走り寄ってきてくださいました。その方は法務部に所属しておられ、私の以前執筆した論説を見て、リーガルリスクマネジメントを会社で実践したところ、日々の法務の仕事が見違えるようにワクワクするものになったとお話をしてくださいました。その日初めて直接顔を合わせたその方の笑顔を忘れることはないでしょう。

この書籍も、私の浅学菲才や執筆力のために、多々至らない部分や皆様のご満足いただけない部分もあったかと存じます。その上で、**この取り組みが、本書を手にとってさらに前に進んでいく皆様のお役に1ミリでも立つのであれば私はこの上なく満足です。**時間が無限にあるのであれば、必要としてくださる日本中の法務部を訪問させていただき、私が学んでいることを全て惜しみなく共有したいと考えておりますが、私に残された時間では恐らくそれを叶えることは難しいと考えています。本書が、微力ながら、21世紀中に、日本企業が再び「Japan as No.1」として、世界に返り咲くお役に立ち、皆様の日々の業務の新しい幸せにつながれば冥利に尽きます。重ねて最後までお読みくださり、ありがとうございました。**心より感謝申し上げます。**

著者紹介

弁護士 **渡部 友一郎**（わたなべ ゆういちろう）

経歴

鳥取県鳥取市出身。2008年東京大学大学院法学政治学研究科法曹養成専攻（法科大学院）修了、法務博士（専門職）。同年司法試験合格、2009年弁護士登録（第二東京弁護士会）。英国系グローバルローファームであるフレッシュフィールズブルックハウスデリンガー法律事務所、株式会社ディー・エヌ・エー法務部を経て、2015年米国サンフランシスコに本社を有するAirbnb（エアビーアンドビー）に入社。現在、同社のLead Counsel・日本法務本部長を務める。

受賞

2018年：ALB Japan Law Awardsにて「In-House Lawyer of the Year 2018」（最年少受賞）及び「Most Innovative In-House Team of the Year 2018」受賞

2019年：同「Technology, Media and Telecommunications In-House Team of the Year 2019」受賞

2020年：同「In-House Lawyer of the Year 2020」受賞（2度目の受賞は日本人初）

2021年：同「Young Lawyer of the Year 2021（In-House）」受賞

2022年：同「Most Innovative In-House Team of the Year 2022」及び「Technology, Media and Telecommunications In-House Team of the Year 2022」受賞

政府委員等

デジタル臨時行政調査会作業部会「法制事務のデジタル化検討チーム」構成員、経済産業省「国際競争力強化に向けた日本企業の法務機能の在り方研究会法務機能強化 実装ワーキンググループ」委員、経済産業省「Society5.0における新たなガバナンスモデル検討会」委員、日本組織内弁護士協会理事（第3部会［IT・通信・エンタメ］代表理事）、ISO/TC262（リスクマネジメント）国内委員会 作業グループ委員などを務める。

講演・登壇等

東京大学法学部、東京大学法科大学院、東京大学公共政策大学院、東京大学先端ビジネスロー国際卓越大学院プログラム等の教育機関におけるゲスト講師、東証プライム企業等の法務部門における研修講師、NHKクローズアップ現代出演、OECD Experts' Workshop登壇など多数。

著者のブログ：https://lawyer.sakura.ne. jp/inhouse

攻めの法務　成長を叶える
リーガルリスクマネジメントの教科書

2023年3月16日　初版発行
2024年9月10日　初版第2刷発行

著　者　渡　部　友一郎
発行者　和　田　　　裕

発行所　日本加除出版株式会社
本　社　〒171－8516
東京都豊島区南長崎3丁目16番6号

組版・印刷　㈱精興社　　製本　藤田製本㈱

定価はカバー等に表示してあります。
落丁本・乱丁本は当社にてお取替えいたします。
お問合せの他、ご意見・感想等がございましたら、下記までお知らせください。

〒171-8516
東京都豊島区南長崎3丁目16番6号
日本加除出版株式会社　営業企画課
電話　03-3953-5642
FAX　03-3953-2061
e-mail　toiawase@kajo.co.jp
URL　www.kajo.co.jp

ISBN978-4-8178-4865-9

本書へ寄せられた推薦の言葉

経営支援の観点からリーガルリスクをマネジメントするための最良の書といえる
── 名取 勝也 弁護士（アップル、ファーストリテイリング、日本アイ・ビー・エムの元最高法務責任者）

最適解を見出すリーガルリスクマネジメントの神髄を学ぶ渾身の作
── 平野 温郎 教授（東京大学教授）

正解のないワクワクする法務へ
── 羽深 宏樹 氏（京都大学特任教授）

リスクの解像度を上げてチャンスに変える！　スタートアップも必携
── 馬田 隆明 氏（東京大学 FoundX ディレクター）

まさか、マンガにしてしまうとは！　革新的なリスクテイクの教科書
── 平泉 真理 弁護士（グラクソ・スミスクライン株式会社 法務担当取締役）

新入社員の頃の自分に読ませたい
── 依田 光史 氏（アビームコンサルティング株式会社 執行役員 CLO）

信頼される法務担当者を目指すならば、本書を読んで自分に向き合ってほしい
── 高野 雄市 氏（三井物産株式会社 執行役員 法務部長）

これは、クライアントマネジメントの教科書でもある
── 藤原 総一郎 弁護士（長島・大野・常松法律事務所）

産業育成型弁護士の開拓書
── 藤井 康次郎 弁護士（西村あさひ法律事務所パートナー）

イノベーションに関わるすべてのロイヤーにとって必読の書
── 堀 天子 弁護士（森・濱田松本法律事務所パートナー）

『リーガルリスクがあります』を卒業し、ビジネスと伴走していくための教科書
── 前田 敦利 弁護士（アンダーソン・毛利・友常法律事務所パートナー）

マンガで明快！　“No”と言わない伴走型企業法務への必読書！
── 白石 和泰 弁護士（TMI 総合法律事務所パートナー）

法務最先端を疑似体験する読者の人材市場価値は向上するだろう
── 西田 章 弁護士（弁護士ヘッドハンター）

企業法務に関わる全ての人必読の法的リスク管理の「バイブル」
── 松尾 剛行 弁護士（桃尾・松尾・難波法律事務所）

法務のマインドセットを学ぶ最良書
── 染谷 隆明 弁護士（池田・染谷法律事務所 代表）

理想と現実の狭間で葛藤する企業法務人材に向けた実務必携の一冊
── 酒井 貴徳 弁護士（法律事務所 LEACT 代表）

あなたの判断で、世界を変えに行こう！
── 瀧 俊雄 氏（株式会社マネーフォワード執行役員 CoPA）

イノベーションを起こすには、主人公のような法務パートナーが必要です
── 吉兼 周優 氏（株式会社 Azit 代表取締役 CEO）

社会の前進を生みだす「イネーブル法務」に生まれ変わること間違いなし
── 門奈 剣平 氏（株式会社カウシェ 代表取締役 CEO）

DeNA 時代から「事業部の懐刀」であった戦友の手紙だ
── 大見 周平 氏（株式会社 Chompy 代表取締役）

（＊順不同：肩書は 2023 年 2 月時点：個人の見解です）